卫生计生监督员培训教材

职业卫生监督分册

国家卫生计生委卫生和计划生育监督中心　组织编写

主　　编　胡　光　高小蔷

副主编　于素芳　王金敖　汪严华

执行主编　吴建军　张鸿斌

编　　委（以姓氏笔画为序）

丁帮梅　于素芳　王金敖　凤志慧

朱素蓉　李国珍　李　涛　汪严华

张凤梅　张玉慧　杨曦伟　郎胜喜

崔　萍

编　　务　刘　昊　黄凯云　黄　静

人民卫生出版社

图书在版编目（CIP）数据

卫生计生监督员培训教材. 职业卫生监督分册 /
国家卫生计生委卫生和计划生育监督中心组织编写.
—北京：人民卫生出版社，2018
ISBN 978-7-117-27437-1

Ⅰ. ①卫… Ⅱ. ①国… Ⅲ. ①卫生工作 - 执法监督 -
中国 - 岗位培训 - 教材 ②计划生育 - 执法监督 - 中国 -
岗位培训 - 教材 ③劳动卫生 - 卫生管理 - 执法监督 -
中国 - 岗位培训 - 教材 Ⅳ. ①D922.16

中国版本图书馆 CIP 数据核字（2018）第 246580 号

人卫智网	www.ipmph.com	医学教育、学术、考试、健康，购书智慧智能综合服务平台
人卫官网	www.pmph.com	人卫官方资讯发布平台

卫生计生监督员培训教材
职业卫生监督分册

组织编写：国家卫生计生委卫生和计划生育监督中心
出版发行：人民卫生出版社（中继线 010-59780011）
地　　址：北京市朝阳区潘家园南里 19 号
邮　　编：100021
E - mail：pmph @ pmph.com
购书热线：010-59787592　010-59787584　010-65264830
印　　刷：三河市博文印刷有限公司
经　　销：新华书店
开　　本：710×1000　1/16　印张：11
字　　数：203 千字
版　　次：2018 年 12 月第 1 版　2019 年 11 月第 1 版第 2 次印刷
标准书号：ISBN 978-7-117-27437-1
定　　价：35.00 元
打击盗版举报电话：**010-59787491　E-mail：WQ @ pmph.com**
（凡属印装质量问题请与本社市场营销中心联系退换）

前　言

卫生计生执法监督是深入推进依法行政、有效推动法治政府建设、推进治理能力现代化，维护人民健康的重要保障。党的十九大提出实施健康中国战略，为人民群众提供全方位全周期的健康服务。为更好的服务健康中国战略，培养监督员的专业能力和专业精神，增强基层执法监督队伍适应新时代中国特色社会主义的发展要求，规范卫生计生执法行为，推进综合监督执法，国家卫生计生委卫生和计划生育监督中心为基层执法监督人员组织编写了卫生计生监督培训系列教材。

《卫生计生监督员培训教材——职业卫生监督分册》是基层卫生监督员培训系列教材之一。教材以职业卫生监督网络课程的讲义为基础，经多年培训实践修订而成。本教材共十二章，包括职业卫生概述、职业病概述、职业性健康损害、职业卫生监督基本职能、职业健康检查监督、职业病诊断监督、职业病鉴定管理、职业病报告的监督、职业病防治宣传教育与健康促进、重点职业病监测和职业健康风险评估、职业病防治专项调查和统计分析、《职业病防治规划》(2016—2020)相关内容解读、职业卫生标准体系及应用等。

教材在编写过程中综合考虑了基层监督员的日常操作应用，内容涵盖了法律依据、监督职责、监督检查内容及方法、违法行为的查处、案例介绍等，既可作为新入职卫生监督员的培训教材，也可作为日常监督检查的参考资料，具有较强的实用性。

本教材的编写得到了国家卫生计生委综合监督局、江苏省卫生监督所和职业卫生监督培训教研组的大力支持，在此表示诚挚感谢！

由于水平有限，本教材难免有错漏和不妥之处，敬请批评指正。

编　者

2018年8月

3

目　录

第一章

职业卫生概述

第一节　职业卫生与职业医学

职业卫生与职业医学（occupational health and occupational medicine）属于预防医学的范畴，是研究职业与健康之间关系的学科。目的是如何改善劳动条件，创造安全、卫生、舒适和高效的作业环境，提高劳动者的职业生命质量（quality of working life）。

职业卫生与职业医学的基本任务是识别（identification）、评价（evaluation）、预测（forecast）和控制（control）不良劳动条件，保护和促进劳动者健康，并研究职业性病损的病因、诊断、治疗和进行劳动能力鉴定。

职业卫生与职业医学面向一切职业人群，不仅包括工人、农民，也应包括服务行业的职工和脑力劳动者。不仅包括正式工与合同工，也应包括临时工、下岗工人和老年职工。有统计显示，全球人口中有 45% 属于职业人群。在1996 年召开的世界卫生大会上通过了"世界卫生组织对人人享有职业卫生的全球策略"（WHO global strategy for occupational health for all）的新决议。

一、职业卫生学与职业医学的异同点

职业卫生与职业医学包括职业卫生学和职业医学，是两个在研究方向、研究目的、工作对象、工作内容等方面既各有特点又相互联系的学科。职业卫生学以前称劳动卫生学，曾是一门独立的预防医学分支学科，是以职业人群的作业环境为主要对象，研究职业场所工作环境或条件对职业从事者健康状况可能产生的影响，从质和量两方面阐明职业场所中产生的有害因素与职业从事者健康水平的关系，为保护职业从事者健康、提高作业能力、改善工作条件所采取的措施及卫生要求的制定提供科学依据。

职业卫生学的内容涵盖职业从事者接触的各种可能产生健康危害的作业环境，包括各种化学因素、生物学有害因素、物理因素、职业性伤害、不良

体位、不合理劳动组织安排和管理等。针对不同的作业环境和不同的职业从事者，职业卫生学又衍生出若干新的分支学科，如职业毒理学、职业生理学、职业心理学、职业流行病学、人类工效学、妇女职业卫生学、职业卫生技术、职业卫生管理学等。随着学科的发展和研究的深入，还会产生新的边缘学科。

职业医学以前称职业病学，是一门临床医学，是以职业从事者个体为主要对象，旨在对受到职业性有害因素损害或存在潜在健康危险的个体，通过临床检查和诊断方法，联系职业暴露环境和条件，综合研究职业从事者健康受职业性有害因素损害的程度及其与职业性有害因素之间的关系，并对发生的职业病与职业相关疾病进行早期检测、诊断、治疗和康复处理。

职业医学的内容主要是针对受职业危害的职业从事者机体不同器官、系统的损害，采用临床手段和方法进行诊断、治疗和康复处理，并依据相关的职业病法律法规进行职业病诊断，对预防职业病和与职业相关疾病的发生、改善职业卫生条件措施提供有关科学依据。

虽然从科学研究、工作范围和工作任务的角度出发，职业卫生学和职业医学是不同的学科，但二者的最终目标是统一的，即用共同的预防医学观念、知识和技能，促进改善职业环境和条件，创造安全、卫生、满意和高效的职业环境，使职业从事者有充分的安全和健康保障，并在身体功能、精神心理和社会环境适应上达到完美状态，为不断提高生产和工作效率提供科学保证。同时，两个学科的内容彼此相关，互相联系。从实际工作出发，目前我国的职业卫生与职业医学的教学、科研和第一线防治工作，基本上是统一的，在学科划分上也将职业卫生和职业医学放在一起，归属于预防医学的范畴内。但在日常的实际工作中，特别是在各级疾病预防控制及医疗部门，由于职业性有害因素的监督、监测和检测与职业病防治的具体对象和任务分工不同，两者往往是分别单独进行的，各地、各单位在机构上也有分有合。然而无论是分是合，在学科的发展和实际工作的需要上都是密切结合的。职业卫生与职业医学的主要异同点（表 1-1）。

表 1-1　职业卫生学与职业医学的异同点

	职业卫生学	职业医学
出发点	卫生学的观点	临床的观点
对象	职业人群和职业环境	职业病患者
工作重点	旨在创造安全、卫生和高效的作业环境，提高职业生命质量，保护劳动者的健康，促进国民经济可持续发展	旨在对受到职业性有害因素损害或存在潜在健康危险的个体进行早期检测、早期诊断、早期治疗和康复处理

续表

	职业卫生学	职业医学
简言之	研究劳动条件对健康的影响	研究职业病发生发展规律
共同点	1. 具有共同的任务	
	2. 具有共同的预防医学观念、知识和技能	
	3. 具有共同的目标：促进和保护职业人群在躯体、精神和社会适应的完美状态，使职业者在就业期间免遭健康危险因素所产生的各种危害	

二、职业卫生与职业医学的医学基础

职业卫生与职业医学属于预防医学领域，关注的是在工作和劳动过程中可能接触的职业性有害因素，以及对职业从事者健康及其职业生命质量的影响。其医学基础涉及基础医学、临床医学及预防医学领域的其他学科，如环境卫生学、毒理学、流行病学、营养学等。防止不良劳动条件对劳动者健康的损害是职业卫生与职业医学的首要任务。同时，对职业性病损的受罹者要进行早期检测、诊断、处理和促进康复，所以职业医学亦属临床医学。医学的各个专科中，都有职业卫生与职业医学的内容：①生物因素所致的职业病，以微生物学与寄生虫学为基础；②物理及化学因素所致的疾病，以病理学、病理生理学及毒理学为基础；③工作环境的粉尘、噪声、辐射、高温等防护还需要工程学基础；④各种有害因素的检验、检测需要分析检验学的基础。而所有职业病及职业相关疾病的筛检、诊断、治疗和康复处理均需要临床医学基础及临床医学的技术和方法。临床学科所设立的内、外、皮肤、耳鼻咽喉等科室对职业性化学中毒和尘肺病、工业外伤、皮炎、噪声性耳聋、电光性眼炎等治疗处理，都涉及职业卫生与职业医学的内容。

随着医学模式的改变，过去单纯的生物医学模式早已进展为生物-心理-社会医学模式。人在工作和劳动过程中，首先会面对劳动性质、劳动强度、劳动姿势、作息制度等基本条件或因素。一般来说，机体通过神经-体液调节和适应，不仅能完成作业而且通过劳动可以促进健康。但是，劳动负荷过高、劳动时间过长及环境条件太差，致使机体不能适应或耐受时，就构成了劳动过程中的有害因素并引起健康危害，如生理和心理过度紧张引起的作业能力下降，甚至损害健康。为达到保护和促进健康、提高劳动生产率的目的，先后形成了3门既独立又有关联的学科——职业生理学（work physiology）、职业心理学（work psychology）和职业工效学（ergonomics）。

随着人类基因组计划的完成以及人类基因组研究成果的应用，特别是基因多态性对职业有害因素和职业病的易感性,将为职业病个体化的分子预防提供新的技术和手段。因此,分子生物学和分子遗传学将在本学科发展中发挥重要作用。

三、职业卫生与职业医学的研究方法

在职业卫生与职业医学中,职业医学的研究方法和临床医学研究方法密切相关,职业医学有关职业病的诊断和治疗主要涉及临床诊断学,临床检验,康复和治疗学。因此,临床医学研究的方法适用于职业医学的研究。但与此同时,由于职业病发生是以现场暴露为前提,现场职业卫生学的调查和研究必须为最终职业病的诊断和治疗提供科学依据,因此是极为重要的。而现场职业卫生学的调查和研究主要应用职业流行病学调查和职业毒理学研究方法。

(一)职业流行病学

职业流行病学(occupational epidemiology)是以职业人群为研究对象,采用有关流行病学的理论和方法研究职业性有害因素及其对健康的影响在人群、时间及空间的分布,分析接触与职业性损害的剂量 - 反应(效应)关系,评价职业性有害因素的危险度及预防措施的效果,以找出职业性损害发生和发展的规律,为制订和修订卫生标准、改善劳动条件和预防职业性病损提供依据的一门学科。典型的职业流行病学研究,例如 Pott 在 1775 年报道的在扫烟囱工人中发生阴囊癌的病因学研究。我国 20 世纪 80 年代在全国范围内的职业肿瘤流行病调查,对国家法定职业肿瘤的确认做出了重要贡献。

1. 职业流行病学特点与应用

职业流行病学因其调查对象为职业人群,与一般流行病学研究对象相比,其特点为:①研究人群相对稳定,可以通过就业记录收集职业史资料;②职业暴露明确,有利于发现、确定职业暴露的剂量 - 反应关系;③职业人群的健康监护,包括就业前体检、定期体检、退休体检等,可提供连贯的健康状况资料。

职业流行病学调查在评价职业性有害因素中可有以下作用:

(1)可发现职业性有害因素对健康的影响:一种疾病在职业人群中出现和流行的原因往往是致病因素(职业暴露的有害因素)与流行因素(必备的条件)二者综合作用的结果。因此,职业流行病学调查主要是研究职业性有害因素对接触人群的健康影响及损害程度,识别和鉴定新的职业性有害因素及其作用条件,估测接触人群的危险度(risk)。

(2)阐明职业性损害在人群中的分布、发生和发展规律:通过职业流行病学调查,可以描述职业病、工作有关疾病和工伤在不同性别、工种、工龄和不同生活方式职业人群间的分布,在不同时段及年代的时间分布,以及在不同

地区、不同厂矿、不同车间的空间分布。从而分析其发生和发展规律，提出相应的卫生措施，以指导职业卫生和职业病防治工作。

（3）为制定、修订职业卫生标准和职业病诊断标准提供依据：职业流行病学调查所得到的资料可与动物实验、临床观察结果相结合，阐明接触水平-效应关系（exposure-effect relationship）或接触水平-反应关系（exposure-response relationship），为制定、修订职业卫生标准和职业病诊断标准提供依据。

（4）评价职业卫生和职业病防治工作质量及其预防措施的效果：通过职业流行病学调查，可获得有关职业病、工作有关疾病和工伤的发病情况及采取某种预防措施前后的对比资料，以评价职业卫生和职业病防治工作质量和预防措施效果。

2. 职业流行病学的调查方法与类型　流行病学能够应用的方法，原则上都可以用于职业流行病学研究，其基本类型有横断面调查（cross-sectional study）、病例—对照研究（case-control study）和队列研究（cohort study）3 种形式。

3. 职业流行病学调查结果的分析与判断　首先检查设计是否合理、方法数据是否可靠、统计处理是否得当，并结合实际进行综合分析，以判断接触与某种损害是否有联系及联系是否为因果关系。横断面调查时应特别注意健康工人效应（healthy worker effect）。健康工人效应是指接触职业性有害因素的工人，由于职业选择要求的影响，他们的身体素质原本明显优于未就业者。健康原因导致从业职工选择性上岗或调离也是横断面调查中一个重要的选择偏倚，它降低了职业病患病率和病死率，掩盖了健康损害水平。

（二）职业毒理学

职业毒理学（occupational toxicology）是职业卫生与职业医学的重要理论基础，也是毒理学中的一个分支，是一门主要研究职业性有害因素与接触人群间有害交互作用的科学。交互作用包括了有害因素对机体的作用（效应）和机体对有害因素的作用（反应），尽管职业毒理学本身是从有害作用的角度去研究，但事实上，交互作用同时存在有害因素对机体的损伤作用和机体对有害因素的一系列抗损伤作用。分子毒理学和分子流行病学的迅猛发展，使职业毒理学的研究在深度和广度上进入了一个新阶段。

毒理学实验研究包括动物实验和体外测试系统，是评价职业性有害因素潜在作用的手段之一，常用于测试化学物的毒性和物理因素的致病作用等，以预测其对人体的危害，为制定和修订卫生标准提供依据。

1. 体外细胞培养实验　由于其简单、快速等优点，在初步评价与鉴定职业有害因素中有一定的用途，如 Ames 试验、染色体畸变试验等。

2. 动物实验　随着工业和科学技术的发展，特别是合成的新化学物质在作业环境中不断涌现,在人类接触之前,进行动物染毒实验十分重要,以便了解新化学物质的大致毒性程度,并确定一个暂时性的可接受的接触阈限值,提供对人体毒性的估计水平。这是制订职业卫生标准和防护措施的重要步骤和必要手段。

第二节 职业性有害因素

一、职业性有害因素定义

在职业活动中产生或存在的各种可能危害职业人群健康和影响劳动能力的不良因素或条件统称为职业性有害因素(occupational hazards or occupational harmful factors,OHF),又称职业病危害因素。职业卫生与职业医学的主要任务是识别、评价、预防和控制不良劳动条件对职业人群健康的影响,而各种劳动条件中都可能存在不同形式的职业性有害因素,了解职业性有害因素的各种来源,并进行系统的分类,便于我们在职业卫生实践中全面的识别和评价各种有害因素,并提出针对性的预防控制措施,有效避免或减轻职业性有害因素对作业者健康的危害。

二、职业性有害因素的来源

根据不同的劳动条件,职业性有害因素主要有以下3种来源:

1. 生产工艺过程 指用特定的方法将各种原材料制成各种成品的全过程,包括原材料的生产、运输和保管、生产准备工作、毛坯制造、零件加工、产品装配、调试、检验和包装等。这一过程随生产技术、机器设备、使用材料和工艺流程的变化而改变。

2. 劳动过程 指生产中劳动者为完成某项生产任务的各种操作的总和,涉及劳动强度、劳动组织、生产设备布局、作业者操作体位和劳动方式,以及智力劳动、体力劳动及其比例等。

3. 生产环境 指劳动者操作、观察、管理生产活动所处的外环境,包括室内作业环境和周围大气环境,以及户外作业的大自然环境,涉及作业场所建筑布局、卫生防护、安全条件和设施等因素。

三、职业性有害因素的分类

(一)按有害因素的来源分类

依据上述职业性有害因素的来源可将有害因素分为3类:

1. 生产工艺过程中产生的有害因素 包括原材料及产品的生产、包装、运输、使用过程中可能使作业者接触到的有毒物质、粉尘、异常气象条件、噪声、振动、辐射、微生物、寄生虫等。

2. 劳动过程中的有害因素　主要包括：①劳动组织和制度不合理、劳动作息制度不合理等。②精神（心理）性职业紧张，如机动车驾驶。③劳动强度过大或生产定额不当，如安排的作业与生理状况不相适应等。④个别器官或系统过度紧张，如视力紧张、发音器官过度紧张等。⑤长时间处于不良体位、姿势或使用不合理的工具等。⑥不良的生活方式，如吸烟或过量饮酒；缺乏体育锻炼；个人缺乏健康和预防的观念，违反安全操作规范和忽视自我保健。

3. 生产环境中的有害因素　主要包括：①自然环境中的因素，如炎热季节的太阳辐射、高原环境的低气压、深井的高温高湿等；②厂房建筑或布局不合理、不符合职业卫生标准，如通风不良、采光照明不足、车间布置不合理（有毒和无毒工段安排在一个车间）；③缺乏必要的卫生工程技术设施，如没有通风换气或照明设备，或未加净化而排放污水；④缺乏防尘、防毒、防暑降温、防噪声等措施、设备或有而不完善、效果不好；⑤由不合理生产过程或不当管理不当所致的环境污染。在实际生产场所和过程中，往往同时存在多种有害因素，对职业人群的健康产生联合作用，加剧了对劳动者的健康损害程度。

（二）按有害因素的性质分类

根据职业性有害因素本身的性质，可将其分为以下几类：

1. 化学性有害因素　常见的化学性有害因素包括生产性毒物和生产性粉尘。

（1）生产性毒物：在生产中接触到的原料、中间产品、成品、热分解产物及反应产物和生产过程中的废气、废水、废渣中的化学毒物均属化学性有害因素，可以气体、蒸气、雾、烟或尘的形态散布于车间空气中，主要经呼吸道进入人体内，还可以经皮肤、消化道吸收进入体内。

生产性毒物主要包括以下几类：①金属及类金属，如铅、汞、砷、锰等；②有机溶剂，如苯及苯系物、二氯乙烷、正己烷、二硫化碳等；③刺激性气体，如氯、氨、氮氧化物、光气、氟化氢、二氧化硫等；④窒息性气体，如一氧化碳、硫化氢、氰化氢、甲烷等；⑤苯的氨基和硝基化合物，如苯胺、硝基苯、三硝基甲苯、联苯胺等；⑥高分子化合物，如氯乙烯、氯丁二烯、丙烯腈、二异氰酸甲苯酯及含氟塑料等；⑦农药，如有机磷农药、有机氯农药、拟除虫菊酯类农药等。

（2）生产性粉尘：生产性粉尘来源十分广泛，如固体物质的机械加工、粉碎，金属的研磨、切削，矿石的粉碎、筛分、配料或岩石的钻孔、爆破和破碎等，耐火材料、玻璃、水泥和陶瓷等工业中原料加工，皮毛、纺织物等原料处理，化学工业中固体原料加工处理，物质加热时产生的蒸气、有机物质的不完全燃烧所产生的烟。此外，还包括粉末状物质在混合、过筛、包装和搬运等操作时产生的粉尘，以及沉积的粉尘二次扬尘等。

根据生产性粉尘的性质可分为 3 类：①无机性粉尘，包括矿物性粉尘，如石英、石棉、煤等；金属性粉尘，如铁、锡、铝等及其化合物；人工无机粉尘，如水泥、金刚砂等；②有机性粉尘，包括植物性粉尘，如棉、麻、面粉、木材；动物性粉尘，如皮毛、丝、骨粉尘；人工合成有机粉尘，如有机染料、农药、合成树脂、炸药和人造纤维等；③混合性粉尘，是上述各种粉尘的混合存在，一般为两种以上粉尘的混合。如金属制品加工研磨时产生的金属和磨料粉尘，煤矿开采时产生的煤矽尘等。生产环境中最常见的是混合性粉尘。

2. 物理性有害因素　作业环境中不良的物理因素主要有以下几类：①异常气象条件，如高温、高湿、低温、高气压、低气压；②噪声，可分为机械性噪声、流体动力性噪声及电磁性噪声；③振动，可分为局部振动和全身振动；④非电离辐射，如可见光、紫外线、红外线、射频辐射、激光等；⑤电离辐射，如 X 射线、γ 射线等。

3. 生物性有害因素　生产原料和作业环境中存在的致病微生物或寄生虫，如炭疽杆菌、真菌孢子（吸入霉变草粉尘所致的外源性过敏性肺泡炎）、森林脑炎病毒，以及生物病原物对医务卫生人员的职业性传染等。

4. 其他因素　主要包括下述几类：①社会经济因素，如社会制度、经济发展水平、财富分配情况、文化教育水平、生态环境、劳动立法、职业病相关法规的立法、医疗卫生水平等因素；②与职业有关的生活方式，如劳动组织及作业制度、不良体位或使用工具不合理、工作过度紧张、缺乏体育锻炼、缺乏防护意识等；③职业卫生服务，如职业病防治制度、职业卫生监督覆盖范围、职业卫生服务（如环境监测及评价、职业健康监护、职业健康教育及健康促进等）的水平如何等。上述各种因素均会直接或间接影响职业人群健康水平。

四、职业性有害因素的存在状态与侵入途径

1. 化学性有害因素　化学性有害因素可以固态、液态、气态或气溶胶的形式存在。气态毒物指常温、常压下呈气态的物质，如氯气、氮氧化物、一氧化碳、硫化氢等。液态物质蒸发或挥发、固态物质升华时形成的气态物质称为蒸气，前者如苯蒸气，后者如熔磷时产生的磷蒸气；凡沸点低、蒸气压大的液体都易产生蒸气，对液体加温、搅拌、通气、超声处理、喷雾或增大其表面积均可促进蒸发或挥发。

悬浮于空气中的液体微滴称为雾，多由蒸气冷凝或液体喷洒而形成，如镀铬作业时产生的铬酸雾、喷漆作业时产生的漆雾等。悬浮于空气中直径小

于 0.1μm 的固体微粒称为烟,金属熔融时产生的蒸气在空气中迅速冷凝、氧化可形成烟,如熔炼铅、铜时可产生铅烟、铜烟和锌烟,有机物加热或燃烧时,也可形成烟。能较长时间地悬浮在空气中,其粒子直径为 0.1~10μm 的固体微粒则称为粉尘,固体物质的机械加工、粉碎,粉状物质在混合、筛分、包装时均可引起粉尘飞扬。飘浮在空气中的粉尘、烟和雾,统称为气溶胶(aerosol)。

了解生产性毒物的存在形态,对于了解毒物进入人体的途径、评价毒物的毒作用、选择空气样品的采集和分析方法以及制定相应的防护策略等均具有重要意义。

化学性有害因素可通过呼吸道、皮肤和消化道进入人体。

2. 物理性有害因素 物理因素较为复杂,不同的物理因素存在状态不同,侵入途径也不同。例如噪声能以振动波的形式污染工作场所,通过气导或者骨导方式侵入人体,作用于靶器官听觉系统。高温的固体、液体或气体可直接将高热能通过传导侵入机体,也可通过传导、对流、辐射等形式加热周围空气,间接作用于人体皮肤或器官。电离辐射和非电离辐射是以电磁波的形式存在的,可通过皮肤黏膜、呼吸道、消化道等组织吸收,产生机体致热损伤或电离损伤。

3. 生物性因素 致病微生物、寄生虫、昆虫和其他动植物及其所产生的生物活性物质,以细菌、病毒、毒性或刺激性代谢产物、分泌物及其他生物活性物质等形式存在,可通过皮肤、呼吸道、消化道几种不同的途径侵入人体。

五、职业性有害因素对机体作用的影响因素

职业性有害因素对机体作用的影响因素主要有 OHF 本身的特性、暴露总量、劳动者个体因素、联合作用等。

1. OHF 本身的特性

化学性 OHF:化学结构(包含的化学元素、基团、化学键)决定其理化性质、毒性种类、毒性大小和作用快慢等。

物质的化学结构不仅直接决定其理化性质,也决定其参与各种化学反应的能力。而物质的理化性质、化学活性又与其生物学活性和生物学作用密切相关,并在某种程度上决定其毒性。目前已了解到一些毒物的化学结构与其毒性有关,例如,脂肪族直链饱和烃类化合物的麻醉作用,在 3~8 个碳原子范围内随碳原子数的增加而增强;氯代饱和烷烃的肝脏毒性随氯原子取代数量的增多而增大等。据此,可大致推测某些新化学物的毒性和毒作用特点。

不同化学成分的粉尘可导致纤维化、刺激、中毒和致敏作用等。如含游离二氧化硅的粉尘可致纤维化,某些金属(如铅及其化合物)粉尘可通过肺组

织吸收,引起中毒,另一些金属(如铍、铝等)粉尘可导致过敏性哮喘或肺炎。

毒物的理化性质对其进入人体的途径和体内过程有重要影响。分散度高的毒物,易经呼吸道进入,化学活性也强,例如锰烟尘的毒性大于锰粉尘。挥发性高的毒物,在空气中的蒸气浓度高,引起吸入中毒的危险性大,而一些毒物绝对毒性虽大,但其挥发性很小,其在现场吸入、中毒的危险性并不高。毒物的溶解度也和其毒作用特点有关,氧化铅比硫化铅更易溶解于血清,故其毒性大于后者;苯的脂溶性强,进入体内主要分布于含类脂质较多的骨髓及脑组织中,因此,对造血系统、神经系统毒性较大。刺激性气体因其水溶性的差异,对呼吸道的作用部位和速度也不尽相同。

物理性 OHF:对人体的作用与其本身的特性有关,稳态噪声危害一般大于非稳态噪声,高频噪声危害大于低频噪声。全身振动与局部振动对机体的影响结局不同。电离辐射是高能量电磁波,可以引起机体的电离作用,而非电离辐射被机体吸收后主要导致体内分子紊动致热作用和某些蛋白分子的凝固变性。

生物性 OHF:可以是寄生虫、病菌、病毒等,可直接危害机体或者通过释放毒素等作用于人体。

2. OHF 暴露总量 OHF 必须在体内达到一定的量才会引起职业病,职业病患病率及病损程度与 OHF 暴露量正相关关系,即暴露量(浓度、强度、数量)越大,危害越大。OHF 暴露总量可以粗略的用暴露水平(与 OHF 源的距离有关)与暴露时间的乘积表示。

3. 个体易感性 人体对毒物毒作用的敏感性有较大个体差异,即使在同一接触条件下,不同个体所出现的反应可相差很大。造成这种差异的个体因素很多,如年龄、性别、健康状况、生理状况、营养、内分泌功能、免疫状态及个体遗传特征等。研究表明产生个体易感性差异的决定因素是遗传特征,例如葡萄糖-6-磷酸脱氢酶(G-6-PD)缺陷者,对溶血性毒物较为敏感,易发生溶血性贫血;不同 ALAD 基因型者对铅毒作用的敏感性亦有明显差异,携带 ALAD2 基因型者较 ALAD1 者更易发生铅中毒。

4. 联合作用 毒物与存在于生产环境中的各种因素可同时或先后共同作用于人体,其毒效应可表现为独立、相加、协同和拮抗作用。进行卫生学评价时应注意毒物和其他有害因素的相加和协同作用,以及生产性毒物与生活性毒物的联合作用。已知环境温、湿度可影响毒物的毒作用,在高温环境下毒物的毒作用一般较常温大。有人研究了 58 种化学物在低温、室温和高温时对大鼠的毒性,发现在 36℃ 的高温下,毒性最强。高温环境下毒物的挥发性增加,机体呼吸、循环加快,出汗增多等,均可促进毒物的吸收。体力劳动强度大时,毒物吸收多,机体耗氧量也增多,对毒物更为敏感。

第三节 职业生理学

人在劳动过程中会接触到不同的生产环境和条件,一般可通过机体的调节作用很好地适应并完成工作,且不会对健康造成危害,但如果劳动负荷过高、劳动时间过长及环境条件太差,机体不能适应或耐受时,就会对机体产生危害,如生理和心理过度紧张而使作业能力下降,甚至损害健康。在职业卫生领域,为达到保护和促进健康及提高工作效率的目的,先后形成了职业生理学(work physiology)、职业心理学(work psychology)和人类工效学(ergonomics)3门既独立又相互关联的学科。

职业生理学又称为劳动生理学,主要研究一定劳动条件下人的器官和系统的功能及变化。劳动条件包括劳动任务、劳动场所、劳动对象、工作设备及工作环境等。劳动条件对劳动者的器官和系统产生一定的作用(或效应),这种作用反过来又影响人的操作,二者之间的相互关系是职业生理学研究和应用的核心问题。职业生理学在方法上以测定—归纳—评价—应用为主要环节。

一、体力劳动过程的生理变化与适应

(一)体力劳动的能量代谢

人体从事劳动过程中需要消耗能量,称为劳动能量代谢,约占机体能量代谢的 50%。此外还有供应基本生命活动的基础代谢以及业余活动所需的能量。

1. 肌肉活动的能量代谢

(1)ATP-CP 系列(三磷酸腺苷—磷酸肌酸系列):供给肌肉收缩与舒张活动的能量,首先是由肌细胞中的三磷酸腺苷(ATP)迅速分解提供能量,并由磷酸肌酸(CP)及时分解补充 ATP。

(2)需氧系列:中等强度的肌肉活动,ATP 以中速分解,糖和脂肪通过氧化磷酸化过程提供能量来合成 ATP,在开始阶段利用的糖类较多,但随着活动时间的延长,利用脂肪的比例增大,脂肪即成为主要的能源。该过程需要氧的参与才能进行,故称需氧系列,也称有氧代谢。

(3)乳酸系列:大强度活动时,ATP 分解非常迅速,需氧系列受到供氧能力的限制,形成 ATP 的速度不能满足肌肉活动的需要。此时,需靠无氧糖酵解产生乳酸的方式来提供能量,称乳酸系列,也称无氧代谢。

上述 3 种系列的一般特性见表 1-2。

表 1-2　肌肉活动能量代谢系统的一般特性

	ATP-CP 系列	乳酸系列	需氧系列
氧	无氧	无氧	需氧
速度	非常迅速	迅速	较慢
能源	CP, 贮量有限	糖原, 产生的乳酸有致疲劳性	糖原、脂肪及蛋白质, 不产生致疲劳性副产物
产生 ATP	很少	有限	几乎不受限制
劳动类型	任何劳动, 包括短暂的极重劳动	短期重及很重的劳动	长期轻度及中等强度劳动

2. 作业时氧消耗的动态　有关氧消耗的几个概念如下:

氧需(oxygen demand): 劳动 1 分钟所需要的氧量。

氧上限(maximum oxygen uptake): 血液在 1 分钟内能供应的最大氧量。

氧债(oxygen debt): 氧需和实际供氧不足的量。

劳动时人体所需要的氧量取决于劳动强度, 强度愈大, 需氧量也愈多。氧需能否得到满足主要取决于循环系统的功能, 其次为呼吸器官的功能。在较轻的劳动中, 摄氧量可以满足氧需, 即进入稳定状态, 这样的作业一般可维持较长的时间。在较重的劳动中, 尤其是氧需超过最大摄氧量时, 机体摄氧量不能达到稳定状态, 氧债持续增加, 作业就不能持久。

3. 作业的能消耗量与劳动强度分级　作业时的能消耗量是全身各器官系统活动能消耗量的总和, 传统上用能消耗量或心率来划分劳动强度(intensity of work)的大小, 它只适用于以体力劳动为主的作业, 一般分为 3 级:

(1)中等强度作业: 作业时氧需不超过氧上限, 即在稳定状态下进行的作业。我国现在的农业劳动多属此类。

(2)大强度作业: 指氧需超过了氧上限, 即在氧债大量蓄积的条件下进行的作业, 一般只能持续进行数分钟至 10 余分钟, 如重件手工锻打、爬坡搬运重物等。

(3)极大强度作业: 完全在无氧条件下进行的作业, 此时的氧债几乎等于氧需, 如短跑和游泳比赛。这种剧烈活动只能持续很短时间, 一般不超过 2 分钟。

我国已颁布体力劳动强度分级标准(GBZ 2.2—2007), 它是根据对 262 个工种工人的劳动工时、能量代谢和疲劳感等指标之间的关系进行调查分析后, 提出的按劳动强度指数来划分体力劳动强度(表 1-3)。

表 1-3 体力劳动强度分级

劳动强度级别	劳动强度指数	劳动强度级别	劳动强度指数
Ⅰ	≤ 15	Ⅲ	~25
Ⅱ	~20	Ⅳ	> 25

（二）体力劳动时机体的调节与适应

在劳动过程中,机体通过神经 - 体液的调节来实现能量供应和各器官系统之间的协调,以适应生产劳动的需要。劳动时机体各系统的变化如下:

1. 神经系统 劳动时的动作主要取决于中枢神经系统的调节作用和大脑皮质内形成的一时性共济联系。长期在同一劳动环境中从事某一作业活动时,通过复合条件反射逐渐形成该项作业的动力定型（dynamic stereotype）,使从事该作业时各器官系统相互配合得更为协调、反应更加迅速、能耗较少,作业更轻松自如。

2. 心血管系统 作业开始前后会发生适应性变动,主要表现在心率、血压的变化和血液再分配。

3. 呼吸系统 作业时,呼吸次数随体力劳动强度而增加。肺通气量可以作为劳动强度的判定和劳动者劳动能力鉴定的指标之一。有锻炼者通过增加肺活量来适应,无锻炼者通过增加呼吸次数来维持。

4. 排泄系统 体力劳动及其后一段时间尿量均大为减少,减少量达50%~90%,尿液成分变动较大,乳酸含量升高。排汗由于具有调节体温和排泄的双重功能,体力劳动时,汗液分泌增多,汗液中乳酸的含量增多。

5. 体温 体力劳动及其后一段时间体温有所上升,但不应超过安静时的1℃。

二、脑力劳动过程中的生理变化和适应

（一）脑力劳动的生理特点

1. 脑力劳动 一般认为凡以脑力活动为主的作业即为脑力劳动,它是与以体力劳动为主的作业相对而言的。脑力劳动明显的特点在于通过感觉器官感受信息,经中枢神经系统加工处理,然后通过多种形式转化和输出信息。

脑的氧代谢较其他器官高,安静时约为等量肌肉需氧量的15~20倍,占成年人体总耗氧量的10%,但在睡眠时减少。由于脑的重量不超过体重的2.5%,即使是最紧张的脑力劳动,全身能消耗量的增高也不超过基础代谢的10%。葡萄糖是脑细胞活动的最重要能源,平时90%的能量都靠分解葡萄糖来提供。因此,脑组织对缺氧、缺血非常敏感,但总摄氧量的增高却并不能提

高脑力劳动的效率。

2. 记忆　可分为工作记忆和长期记忆。工作记忆是那种以不稳定形式初始和暂时地贮存信息的记忆,也可经某种渠道而进入长期记忆。长期记忆储存有大量的知识,其内容是抹不掉的,经激活后可再次进入工作记忆。

（二）脑力劳动的职业卫生要求

1. 一般职业卫生要求　脑力劳动系统包括劳动者、劳动工具、工作任务、工作环境和工作组织制度等条件和要素,对脑力劳动的职业卫生要求可以从上述几方面来考虑。例如,工作场所的噪声、采光与照明、室内气温、显示器、信息的质量、工作桌椅和空间等。

2. 特殊要求　劳动工具提供的信息应该明确,量要适中,信号的区分度要高,否则会加重脑力劳动的负荷。还要注意信息的和谐性和冗余度的问题。信息和谐性是指信息显示、控制性活动或系统的应答要与操作者所预期的保持一致,否则会导致信息冲突。例如,旋钮的顺时针旋转应表示系统发生反应或反应增强。信息冗余度是表示信号所携带的实际信息量低于它可能携带的最大信息量的程度。多余的信息使操作者能够交叉地检查和确认信息,保证信息交流的可靠性,另一方面,显示的信息过多可使人分心并增加脑力劳动的负荷。所以应根据作业需求,保持适量的冗余信息。

三、劳动负荷的评价

劳动是人为了一定目的而从事的一切活动。劳动负荷评价的目的并不是消除负荷,而是把它维持在一个适宜的水平,也称可接受水平或者负荷的安全限值,以便保证健康并有效地完成工作任务。

（一）劳动和作业类型划分

1. 劳动类型　要求产生力的活动可归纳为能量性劳动,要求处理信息的劳动则为信息性劳动,但这两类劳动之间并不存在明确的界限。根据劳动任务要求人做些什么,累及哪些器官或者功能,进一步区分为肌力式、运动式、反应式、综合式及创造式劳动。

2. 作业类型

（1）静力作业（static work）又叫静态作业,主要依靠肌肉等长性收缩（isometric contraction）来维持体位,使躯体和四肢关节保持不动所进行的作业。静力作业的特征是能消耗水平不高,肌肉的氧需通常不超过 1L/min,但却很容易疲劳。劳动姿势（working posture）,即人在劳动中身体各部分的空间位置。由于地球引力,维持某个姿势对肌肉骨骼系统造成机械性负荷（mechanical load）。姿势负荷是肌肉骨骼疾患的主要病因。

（2）动力或动态作业（dynamic work）则是在保持肌张力不变——等张性收缩（isotonic contraction）的情况下，经肌肉交替收缩和舒张，使关节活动来进行的作业。与静力作业相比，肌肉在动力作业时可以交替地收缩与舒张，血液灌流充分，不容易疲劳，能量消耗高是它的特点之一。

（二）劳动负荷评价

1. 基本概念

（1）劳动系统（work system）：是相互作用的一些元素构成的整体。劳动系统包括人、劳动对象（如物质、能源和信息等）、劳动工具、劳动环境以及产品等，这些因素相互作用来完成劳动任务。

（2）负荷与应激（stress and strain）：负荷是指劳动系统对人总的需求和压力，负荷强调外界的因素和情形。应激指负荷对机体的影响，强调在负荷作用下机体内部的生物过程和反应。评价劳动负荷一般包括负荷和应激两个方面的指标。

（3）适宜水平：劳动负荷的适宜水平可理解为在该负荷下能够连续工作8小时，不至于疲劳。可以使用不同指标来表示劳动负荷适宜水平。一般认为，劳动负荷的适宜水平约为最大摄氧量的1/3。

2. 方法与指标

（1）客观方法

1）体力劳动：劳动能量代谢率（metabolic rate）是传统的劳动负荷测定指标。能量代谢率适合评价全身性的动态体力劳动，以静力作业和反复性作业为主的劳动不宜采用这一测定指标。

心率也是一项传统的指标，反映动态体力劳动时机体的应激程度，可用于评价小肌群参与的劳动，甚至脑力劳动。肌电是可以直接测定疲劳的一个指标，适合于测定反映静态作业以及动态作业的劳动负荷。

2）脑力劳动：有一些心理生理测定指标，例如瞳孔直径测量，是反映注意力高低的一项指标。另一项常用的指标是心率，心率升高一般与脑力工作负荷增高有关。心率变异性（heart rate variability，HRV）反映了交感神经和迷走神经对心脏活动的调控和平衡。

（2）主观方法

1）体力劳动：把调查的内容列表分成几个级别，以调查形式来询问、评价劳动负荷，如 Borg 量表，这种传统方法主观性强，但比较简单，无需仪器，便于流行病学调查使用。

2）脑力劳动：要求作业人员将脑力上的负荷和应激划分成若干等级，也是靠作业人员的判断来评价工作负荷。目前常用的有 Cooper-Harper 量表、SWAT 和 NASA 任务负荷指数。

3）观察方法：介于客观和主观方法之间的是所谓观察方法，可用于体力劳动或脑力劳动，可用于整个劳动系统或个别具体项目的评价。

第四节　职业心理学

职业心理学（occupational psychology）是从人与工作环境、社会环境和自然环境关系的角度研究人在职业过程中心理活动的特点和规律的学科。其目的是使人在工作中提高生产效率、减少职业紧张和疲劳、提升工作满意度、促进健康、提升职业生命质量。

一、与职业有关的心理因素

1. 作业方式　生产过程、劳动过程和生产环境中存在多种因素，除了对劳动者心理功能的影响外，还可对心理健康造成不良影响。职业性有害因素普遍存在于单调作业、夜班作业、物理因素作业、高速作业、脑力劳动、空调环境作业以及接触粉尘和毒物作业等。

（1）单调作业：是指那种千篇一律、平淡无奇，重复、刻板的劳动（工作）过程。长期从事单调作业而不适应的劳动者，会产生疲劳症状并导致身心健康水平下降、劳动能力和生产能力下降、工伤事故增多、因病缺勤率增高等。

（2）夜班作业：夜班作业时轮班劳动是对劳动者身心影响最大的作业，是指在一天中通常用于睡眠的这段时间里进行的职业活动。夜班作业的劳动者对复合信号刺激的反应时间会明显延长，警惕性下降，还会对劳动者的社会和家庭生活产生明显影响。

2. 职业接触因素　生产过程与生产环境中的职业接触因素与劳动者心理压力有一定关系。

（1）物理因素

1）噪声：在噪声环境下工作常使人产生烦恼，这是由于噪声能干扰谈话或工作，妨碍注意力集中，破坏休息、睡眠或某些活动所需的宁静环境，而使人产生不快感。

2）高温：高温作业所引起的疲劳可使大脑皮质功能降低和适应能力减退。对神经心理和脑力劳动能力均有明显影响。

（2）生产性毒物：生产性毒物种类繁多、接触面广，很多毒物可引起神经系统损害，产生一系列的神经和精神症状，其临床表现可因毒物的毒性、接触浓度、接触时间和个体敏感性的差异而不同，常表现为类神经征、精神障碍、中毒性脑病和周围神经病。

（3）生产性粉尘：接触粉尘的工作环境中常常同时存在着多种职业性有害

因素,他们不仅损害工人的功能能力,还可以引起生理和心理紧张反应,使工作能力进一步下降,最终可导致尘肺病的发作和劳动能力的丧失。

3. 脑力作业 脑力劳动者应具备丰富的知识、良好的记忆力和敏锐的思维能力,以及联想、推想、归纳、想象和创新等能力。随着科学技术的快速发展,机器的自动化程度大大提高,脑力劳动作业者人群比重也在逐渐增大。由于脑力劳动的内隐性、心理性和难于观察性等特点,同时由于需要工人能够执行多项复杂的任务、能够快速熟悉新的工作任务、具有团队精神、自我管理,使工作性质更有不确定性,使得角色模糊和角色冲突加剧,继而进一步加重了脑力劳动作业人员的心理卫生问题。

二、职业紧张

职业紧张(occupational stress)也称工作紧张(job stress),目前比较通用的定义是:在某种职业条件下,客观需求与个人适应能力之间的失衡所带来的生理和心理的压力。职业者对工作中紧张出现的反应可以是心理上的、生理上的,或兼而有之。

(一)劳动过程中的职业紧张因素

紧张源又称为紧张因素,对紧张的发生及其程度有重要的意义。紧张源可造成严重和持续的紧张反应(stress reaction),表现为个体短暂的心理、生理、行为的改变,并可诱发紧张相关疾病(stress-related disease)。各行业都有特定的紧张源,主要来自于职业负荷、劳动方式、作业冲突等,并与个体素质、家庭环境、社会环境等均有关。

1. 个体特征

(1)A型特征(A型行为):①长期的时间紧迫感,对通常的活动缺乏耐心;②极有竞争性,几乎有敌意倾向,无论在生活、工作还是休闲中,过分关注自己的成功而忽视他人的情感;③讨厌懒惰;④对消除完成任务的障碍缺乏信心。有证据表明,A型行为在某些方面,特别是愤怒、敌意和攻击等方面,与应激反应和心脏病有很大关联。

(2)性别:应激因素对女性的影响大于男性,其原因一方面可能是由于身体素质的关系,某些职业应激因素会对女性造成特殊的影响;另一方面可能与女性常常经历工作职责和家庭职责的冲突,从而经历更多的应激状态有关。

(3)年龄:由于体力随着年龄的增加而下降,加之工人抵抗和应付紧张因素的能力也随着年龄的增加而下降,因此,同样的工作,老年人比年轻人易产生紧张。如何降低中老年职工的职业紧张,保护和促进其工作能力是职业卫生面临的重要任务之一。

(4)支配感:是个体相信自身能够控制影响其他事件的程度,被支配或低支配及无权决策者,倾向于发生职业紧张。

(5)社会支持:社会支持是个体从工作中或工作之外获得支持的程度,其作用表现在情绪支持、物质支持、信息支持和尊重支持4个方面。社会支持可以给人以幸福感、生活稳定感,对于减少职业紧张具有重要的缓冲作用。

(6)学历:高学历人群因工作强度大、竞争激烈、知识储备更新、个人发展空间等造成职业紧张;低学历人群因担心工作福利差、完不成任务、被解雇、生活压力大等而倍感紧张。

2. 职业因素

(1)角色特征:角色特征表现在任务不清、任务超重、任务不足、任务冲突和个体价值。

(2)工作特征:工作进度、工作重复、工作轮班、工作属性均可导致情感和行为反应异常。

(3)人际关系:个体间、上下级间关系较差,是造成紧张的重要原因。

(4)组织关系:与职业紧张有关的组织关系特征包括组织结构、个体地位、文化素质等。

(5)人力资源管理:这是职业卫生管理体系中又一重要的紧张源,包括培训、业务发展、人员计划、工资待遇和工作调离等。

(6)劳动条件:一些物理因素,如照明、噪声、温湿度、空间、环境卫生状况、臭气及化学污染等均直接与紧张的发生及其程度有关。

(二)职业紧张反应的表现

长期过度紧张反应主要表现在以下几个方面:

1. 心理表现:主要表现在情感和认知方面。如工作满意度下降、抑郁、焦虑、易疲倦、感情淡漠等。

2. 生理表现:主要是躯体不适,包括血压升高、心率加快、血凝加速,免疫功能下降等。还可出现睡眠障碍、头痛、呼吸系统疾病、过敏和皮肤疾病等。

3. 行为表现:表现在个体和组织两方面。表现为逃避工作、怠工、酗酒、滥用药物、旷工、缺勤、事故倾向、工作效率低下等。

4. 精疲力竭:研究认为精疲力竭的发生是职业紧张的直接后果,是个体不能应对职业紧张的最重要的表现之一。Maslach 提出了精疲力竭的三维模式:①情绪耗竭:指个体的情绪资源过度消耗,表现为疲乏不堪、精力丧失、体力衰弱和疲劳;②人格解体:是一种自我意识障碍,体验自身或外部世界的陌生感或不真实感(现实解体),体验情感的能力丧失(情感解体),表现为对他人消极、疏离的情绪反应,尤指对职业服务对象的麻木、冷淡、激惹的态度;③职业效能下降:指职业活动的能力与效率降低,职业动机和热情下降,职业退缩(离职、缺勤)以及应付能力降低等。除了上述症状外,还可伴发抑郁、失眠、猜疑、烦躁、胃肠道功能紊乱、体重下降、气急、酒精和药物滥用、冲动行为及其他精神障碍。

(三)职业心理健康促进

1. 创造健康的组织　创造健康组织的目的并不是减少紧张因素,而是鼓励员工积极参与组织变革管理、岗位重新设计、诚信与回馈的要求。创建健康的组织应采取以下措施:①人 - 岗位匹配或岗位设置适宜作业人员的需求和专业技能;②完善的绩效管理和奖励体系;③提供员工参与管理的机会;④为员工家庭和生活需求提供支持。

2. 法律保障　从立法上明确生产技术、劳动组织、工作时间和福利待遇等制度都应有利于促进生产,减少或避免个体产生心理、生理上的负面影响,从制度上保证个体获得职业安全与卫生的依据、自主决策权利、得到承认和尊重并以主人翁态度参加生产计划、民主管理等。

3. 培训和教育　为增强个体和职业环境的适应能力,应先充分了解个体特征,针对不同情况进行职业指导和就业技术培训,尤其是心理健康适应能力知识的培训,鼓励个体主动适应或调节职业环境,创造条件以改善人与工作环境的协调性,提高工人的心理调节能力。

4. 开展员工帮助计划(employee assistance program,EAP)　EAP 作为组织为员工设置的一套系统的、长期的援助与福利项目,通过专业人员对组织的诊断、建议和对员工及其直属亲人提供的专业指导、培训、咨询,帮助解决员工及其家庭成员的各种心理和行为问题,提高员工个人绩效和组织整体效能。

5. 增强个体应对能力　应对反应是个体对职业紧张源刺激的反应活动。研究较多的应对能力因素是社会支持(social support)。社会支持主要表现在:①情感支持;②社会的整体性,也就是使人们感到自己是社会的一员;③切实的、明确的帮助,如在经济上、工具或任务互助等;④社会信息,可获得有关任务的信息,从而获得指导和帮助;⑤相互尊重,体现在技术和能力方面得到承认和尊重。

第五节　职业工效学

人类工效学(ergonomics)又称为人机工效学、人机工程学,或简称工效学,产生于 19 世纪末,其形成和发展已有 100 多年的历史。职业工效学(occupational ergonomics)是人类工效学应用的重要分支,以解剖学、心理学、生理学、人体测量学、工程学、社会学等多学科的理论知识为基础,以职业人群为中心,研究人 - 机器 - 设备环境之间的相互关系,旨在实现人在工作中的健康、安全、舒适,同时保持最佳工作效率。职业工效学的内容主要涉及以下几个方面。

一、作业过程的生物力学

生物力学(biomechanics)是将力学与生物学的原理和方法有机地结合起来,研究生命过程中不断发生的力学现象及其规律的科学,其中研究人在生产劳动中肌肉骨骼力学的内容称为职业生物力学(occupational biomechanics),主要研究工作过程中人和机器设备(包括工具)之间力学的关系,目的在于提高工作效率,并减少肌肉骨骼损伤的发生。

(一)肌肉骨骼的力学特性

人体运动系统主要由肌肉、骨骼和关节组成,其中肌肉是主动部分,骨骼是被动部分,在神经系统支配下,通过肌肉收缩,牵动骨骼以关节为支点产生位置变化,完成运动过程。

1. 肌肉　劳动时肌肉做工的效率与负荷大小有关。研究证明,当肌肉负荷为最大收缩力的 50% 左右时,肌肉做功效率最高。

2. 骨及软骨　是身体的重要组成部分,主要功能是支持、运动和保护。软骨具有较好的弹性和韧性。长骨的软骨具有吸收冲击能量和承受负荷的作用,关节软骨具有特殊的润滑功能,对运动十分有利。

(二)姿势和合理用力

1. 姿势　劳动中最常见的姿势是站姿和坐姿两种,其他还有跪姿、卧姿等。无论是站姿还是坐姿,都存在一些不利于健康的因素,如站姿下肢负重大,血液回流差。坐姿状态下腹肌松弛,脊柱 "S" 形生理弯曲的下部由前凸变为后凸,使身体相应部位受力发生改变,长时间工作可以引起损伤。

不管采取何种姿势,人体都要承受由于保持某种姿势所产生的负荷,称作姿势负荷(posture load)。为了方便操作和减少姿势负荷及外加负荷的影响,在采用工作姿势时需注意:①尽可能使操作者的身体保持自然状态;②避免头部、躯干、四肢长时间处于倾斜状态或强迫体位;③使操作者不必改变姿势即可清楚地观察到需要观察的区域;④操作者的手和前臂避免长时间位于高出肘部的地方;⑤如果操作者的手和脚需要长时间处于正常高度以上时,应提供合适的支撑物。

长时间保持任何一种姿势,都会使某些特定肌肉处于持续静态收缩状态,容易引起疲劳。在可能的情况下,应该让操作者在劳动过程中适当变换姿势。

2. 合理用力　为了完成生产或其他工作任务,劳动者在劳动过程中常常需要克服外界的重力、阻力等。此外,从事任何工作都需要保持一定的姿势或体位,工作人员还要克服人体各部位所产生的重力。根据生物力学基本原理,合理运用体力,可以减少能量消耗,减轻疲劳程度和慢性肌肉骨骼损伤的发病率,提高工作效率。

(1)动力单元:包括关节在内的某些解剖结构结合在一起可以完成以关节为轴的运动,称为动力单元(kinetic element)。动力单元由肌肉、骨骼、神经、血管等组成。一个动力单元可以完成简单的动作,两个以上的动力单元组合在一起称为动力链(kinetic chain),可以在较大范围内完成复杂的动作。

(2)重心:搬运重物或手持工具时需要克服物体的重力,这种作用力也称为工作负荷(work load),以一定的力矩作用于人体,其中力臂是物体重心至人体支点的垂直距离。在物体重量固定的情况下,人体承受的负荷与物体重心到支点的垂直距离直接相关。生产劳动中尽可能使物体的重心靠近人体,可以使力矩变小,减轻劳动负荷,减少用力。

(3)用力:生产中用力要对称,这样可以保持身体平衡和稳定,减少肌肉静态收缩,减轻姿势负荷,降低能耗。从事不同工作要根据工作特点及工效学原理,采用合理用力方式。

二、人体测量及应用

人体测量学(anthropometry)是人类学的一个分支学科,是用测量和观察的方法来描述人类的体质特征状况。通过对人体的整体测量和局部测量,探讨人体的类型、特征、变异和发展规律。人体测量获得的各种人体尺寸信息可用于研究设计和调整工具,从而最大程度的保护工人身体健康,提高生产效率,发挥机器的性能。

在工效学实际应用中,人体测量的类型通常分为静态测量和动态测量两种。

1. 静态测量 又叫静态人体尺寸测量(static measurement of dimensions),是被测者在静止状态下进行的测量,测量体位通常取站立或坐姿。这种方法测量的是人体各部分的固定尺寸,静态测量最基本的尺寸有119项。有时根据实际需要还要对某些特定人群进行测量,获得相关人群的人体尺寸资料,如对士兵进行人体测量以确定某些武器设计参数或军服的尺寸。

2. 动态测量 是被测者在规定的运动状态下进行的测量,又称动态人体尺寸测量(dynamic measurement of dimensions)。这种方法测量的是人体或某一部分的空间运动尺寸,即活动范围,又称功能人体尺寸测量(functional measurement of dimensions)。许多生产劳动是在运动过程中完成的,各种操作的准确性、可靠程度、做功效率以及对人体的影响等均与人体或某些体段的动态尺寸有密切关系,如机器安放的密度、操作台的高低、机动车或飞机驾驶使用的各种操纵杆和控制键的安放位置等,设计尺寸都要符合使用者的动态尺寸。

三、机器和工作环境

(一)人机系统

生产劳动过程中,人和机器(包括设备和工具)组成一个统一的整体,共同完成生产任务,称作人机系统(man-machine system)。在人机系统中,人和机器之间的信息传递至关重要,人机之间信息是通过人和机器之间的界面(interface)传递的。人机之间的界面主要包括显示器和控制器,机器的信息通过显示器向人传递,人的信息(包括指令)通过控制器向机器传递。

从工效学角度研究人机界面,就是要使显示器和控制器适合于人体的解剖、生理和心理特点。

(二)显示器

人机系统中,用来向人表达机械性能和状态的部分称为显示器(display),包括各种仪表、指示灯、信号发生器等,其中使用最为广泛的有以下两类:

1. 视觉显示器(visual display) 显示器设计、选用要符合生产需要和人生理、心理特点,以下几点需要加以注意:

(1)工作性质和要求,如果只要求读数,窗式数字显示器比较好;如果需要观察变化情况,则宜选用可移动指针的显示器。

(2)精确程度应符合机器的总体设计要求,在保证精度的情况下,尽可能使显示方式简单明了,容易判读。

(3)一个显示器传递的信息不宜过多,太多容易引起混淆。

(4)数字显示器要易于判读和换算,一般不超过3位数。

(5)数字排列应符合阅读习惯,如从左至右或从上向下。有研究表明反方向的设计可使读数错误率明显增加。

(6)显示器的指针不应遮住数字或刻度,指针粗细要适当。

此外,视觉显示器还应具有可见度和明显度高、阐明能力强等特点,并确保使用安全。

2. 听觉显示器(auditory display) 在生产劳动中常用于指示或报警,采用听觉显示器需注意下述原则:

(1)在可能的情况下选用人耳最敏感的频率范围。

(2)需要传输很远的信号时使用低频声音。

(3)报警用的信号频率要在背景噪声掩蔽效应最小的范围内。

(4)紧急报警宜采用间断的声音信号或改变频率和强度,以便引起人们的注意。

（5）信号持续时间适当,持续时间太短,不利于分辨,持续时间过长,容易令人产生烦恼。

（三）控制器

控制器（control）是操作者用以改变机械运动状态的装置或部件,常见的有开关、按钮、旋钮、驾驶盘、操纵杆和闸把,控制器可按操纵部位分为手控制器、脚控制器、膝控制器等,其中手控制器应用最为广泛。

1. 手控制器

（1）按压式控制器:指各种各样的按钮、按键等,同一个区域如果有多个按钮,需要用颜色、形状或指示灯加以区别,功能相反的按钮（如开、关按钮）,最好设计成大小不同的形状,排列位置隔开一定距离,以免出现紧急情况时操作失误,贻误时间。

（2）旋转式控制器:主要指各类手轮、旋钮、摇柄、十字把手等。适用于工作状态较多或连续变化的过程控制。在工程设计中,根据手的功能和尺寸特点,旋钮的直径、高度和旋转阻力等均有相应规定。

（3）移动式控制器:主要有操纵杆、手柄和手闸等。是需要一定力量强度的控制装置,通常只具有开和关的功能并设有明显标志。

（4）轮盘:用于力度较大或角度较大的旋转,如驾驶盘和气体或液体输送管道的开关轮盘等,其边缘一般设计成波纹状,便于抓握和用力。

2. 脚控制器 脚控制器外形变化不大,多为长方形,大小与脚掌相适应,表面有齿纹,以便用力和防止滑脱。脚控制器多用于精度要求不高或需要用力较大的场合。对于用力较大、速度快和准确性高的操作,宜用右脚。对于操作频繁,易疲劳,不是非常重要的操作,应考虑两脚交替进行。

（四）工具

生产劳动过程中经常需要使用各种工具,如钳子、锤子、刀、钻、斧等,若长期使用设计不良的工具和设备,会给作业人员造成各种疾患、损伤,降低工作效率。劳动工具的设计需要注意下述原则:

1. 手用工具的把柄多设计成圆柱体,尺寸大小符合手的测量尺寸,手握处宜有合适的波纹以增加抓握的稳固。

2. 把柄的直径需考虑使用时用力的大小和使用时间的长短,一般用力大或使用时间长的工具,手握处把柄的直径大一些。

3. 如果使用过程中需要利用工具的重力（如锤子）,则工具的重心宜远离手部,否则,应尽可能使工具的重心靠近手部,以减少手部负荷。

4. 使用工具时应使操作者的手和上肢保持自然状态,如果需要变化角度,应从工具设计中加以解决,这样既便于操作,又可以减少人体相应部位的静态紧张。

5. 工具还需具有外形美观、坚实耐用、使用安全等优点。

（五）作业环境

工作环境中能对人的身心健康和工作效率产生影响的因素可以概括为社会环境因素和自然环境因素。从工效学角度重点考虑常见物理因素对健康及工作效率的影响。

1. 气温 气温升高或降低不但对人体健康产生影响，还可以影响作业能力和工作效率，例如，在高温或低温环境中，可以使反应速度减慢、操作的准确性降低，导致工作能力下降和差错事故发生。越来越多的生产和工作环境使用了空气调节装置，使作业场所气温常年保持在比较适宜的范围内，许多国家还制定了适宜温度的标准或规定。

2. 噪声 在噪声环境里，人的注意力不易集中，影响学习和工作，严重时可以出现心情烦躁、反应迟钝和精神疲惫等。此外，噪声还可以掩盖作业场所（如矿井）出现的危险信号或机器发出的警报，由于作业人员不能及时察觉，导致严重的工伤事故发生。因此应针对不同的场所提出不同的噪声限值，这类限值通常比职业卫生接触限值低许多。

3. 照明 人的信息有80%是通过视觉获得的。一般情况下，提高照明度可以增加周围物体的识别度，但如果照度过高，一方面容易引起眼睛疲劳，甚至造成视觉损伤，另一方面使人的兴奋异常增高，很快转为抑制，导致全身疲劳，降低劳动效率。职业工效学要求根据作业特点，采用适宜的或合理的照明条件，例如医院手术台照度要求达到 20 000 lx 以上。

4. 颜色 是物体的一种属性，也称色彩。适当的颜色可以帮助作业人员提高人对信号或标志的辨别速度，进行正确的观察和识别，减少操作错误，例如橙色具有高的注目性特征，常作为标志性用色。颜色对人心理也可以产生一定影响，使人产生某种感情或引起情绪变化。例如红、橙、黄等颜色称为暖色，可以使人兴奋，但也容易引起精神紧张和不安；蓝、绿、紫等颜色称为冷色，可以使人感到镇静，甚至会产生压抑感。利用这些特点可以创造良好的工作环境。

（六）劳动组织

劳动组织（organization of labor）是指在劳动生产过程中，按照生产过程或工艺流程安排使用劳动力，以达到提高劳动效率的目标的形式、方法和措施的统称。构建和完善合理劳动组织应该注意以下原则：

1. 减少负重 用力负重是造成肌肉骨骼损伤的重要原因之一。应尽量减少负重量，将搬运物体的重量限定在安全范围内；手持工具如果超过一定重量，使用时应有支撑或采取悬吊的方式；采用推或拉的方式运输物体的，工作人员尚需注意工作姿势和用力方式；在有条件的情况下，尽可能采用机械运输。

2. 改善人机界面 除了显示器和控制器以外,工作台的高低、工件的放置位置等,要有利于工作人员操作和使用,在有条件的情况下可使用高度可调节的工作座椅或工作台,同时具有合适的腰部支撑。

3. 人员的选择与培训 工作人员就业时应经过严格挑选,选择的依据不限于是否有就业禁忌证,而是根据所从事工作的特点和要求,确定录用标准,如人体尺寸、体力、动作协调能力、反应速度、文化程度、心理素质等。

4. 轮班工作 有些现代化的生产过程需要轮班作业,如冶金、化工行业、医生、警察等。轮班工作不符合人体的生物节律,不利于健康,夜间工作还容易发生事故。合理组织和安排轮班时间和顺序,可以减轻疲劳,提高出勤率,减少工伤事故的发生。

5. 工间休息 适当安排工间休息,可以有效地减轻疲劳程度。工间休息时间长短和次数,视劳动强度、工作性质和工作环境等方面的因素确定。

6. 其他 组织生产劳动时,工作人员的劳动定额要适当。定额太低会影响劳动效率,定额太高则容易引起过劳,危害人体健康。劳动过程中需要保持一定的节奏,节奏过快会造成紧张,节奏太慢也容易使人感觉疲劳。

四、工效学相关疾患

在生产劳动过程中,由于姿势负荷、负荷过重或个别器官过度紧张等因素,可使机体某些器官或组织发生功能性或器质性变化,甚至形成职业性疾患,这些疾患与工效学因素联系密切,可以称之为工效学相关疾患。

(一)强制体位及负荷过重有关疾患

强制体位及负荷过重可以造成身体某些特定部位损伤从而引发一系列疾患,其中最常见的是肌肉骨骼疾患。

1. 下背痛(low back pain,LBP) 是患病率最高的一种肌肉骨骼疾患,一般表现为腰部间歇性疼痛,间歇期数月至数年不等,不发作时无症状或症状轻微,严重发作时可丧失劳动能力。

职业性下背痛发病原因主要有:①抬举或用力搬移重物;②弯腰和扭转(姿势不当);③身体受震动;④气候因素(冷、潮湿、受风);⑤重体力劳动;⑥工作相关的心理社会因素(如紧张、寂寞、缺乏社会支持、工作满意度低)。

2. 颈、肩、腕损伤 主要见于坐姿工作,表现为疼痛、肌张力减弱、感觉过敏或麻木、活动受限等,严重者只要工作就可立即产生剧烈疼痛以至于不能坚持工作。腕部损伤可以引起腱鞘炎、腱鞘囊肿或腕管综合征,主要见于工作时腕部反复屈、伸的人员。由于腕小管内渗出增多,压力增高,正中神经受到影响,严重者还可引起手部肌肉的萎缩。这类疾病多发于键盘操作者、流水线工人、手工工人、音乐工作者等。

3. 下肢静脉曲张 劳动引起的下肢静脉曲张多见于长期站立或行走的工作,例如警察、纺织工等,如果站立的同时还需要负重,则发生这种疾患的机会就更大。出现下肢静脉曲张后感到下肢及脚部疲劳、坠胀或疼痛,严重者可出现水肿、溃疡、化脓性血栓静脉炎等。

4. 扁平足 工作过程中足部长期承受较大负荷,如立姿工作、行走、搬运或需要经常用力踩动控制器,可使趾、胫部肌肉过劳,韧带拉长、松弛,导致趾弓变平,成为扁平足。扁平足的早期表现为足跟及跖骨头疼痛,随着病情继续发展,可有步态改变、下肢肌肉疲劳、坐骨神经痛、腓肠肌痉挛等症状,严重时,站立及步行均出现剧烈疼痛,可伴有胫部水肿。

5. 腹疝 多见于长期从事重体力劳动者,由于负重或用力,使腹肌紧张,腹内压升高,久之可形成腹疝。其中,脐疝和腹股沟疝比较常见,其次是股疝。劳动中突然发生的称为创伤性疝,疼痛剧烈,但很快可缓解或转为钝痛。

(二)个别器官紧张

一些特殊的职业主要涉及个别器官的高强度使用,如果不注意合理休息调整,会造成这些器官的过度使用,比较典型的是眼和声带紧张造成的病患。

1. 视觉器官紧张所致疾患 现代化生产中有许多工种需要视觉器官长时间处于紧张调节状态,如计算机录入员、细小零件装配工、科研和医务工作者等。长期视觉紧张可以出现眼干、眼痛、视物模糊、复视等一系列症状,并可出现眼睛流泪、充血、眼睑浮肿、视力下降等临床改变,严重者可发生黄斑性脉络视网膜炎,甚至视网膜剥离。

2. 发音器官过度紧张所致疾患 有些职业,如歌唱演员、教师、讲解员等,发音器官使用多,在使用过程中发音器官紧张度很高,可以引起发音器官的变化或疾病,如声音嘶哑、失调或失声,进而表现为发音器官炎症、声带出血、声带不全麻痹,甚至出现"歌唱家小结节"(singers nodules)。

(三)压迫及摩擦引起的疾患

1. 胼胝 身体与生产工具或其他物体经常接触,因为摩擦和压迫,使局部皮肤反复充血,表皮增生及角化,会形成胼胝(callus)或胼胝化(callosity),最常见的部位是手部,其次是脚。这种病变一般不影响作业,甚至还具有一定的保护作用,但如果数量多或面积大,会使活动受限,感觉灵敏度降低,影响正常功能。

2. 滑囊炎 尤其多见于快速、重复性操作,可以发生于各种不同的部位,如包装工的腕部、跪姿工作者的膝部等。职业性滑囊炎呈慢性或亚急性过程,一般症状较轻,表现为局部疼痛、肿胀,对功能影响不大。

3. 掌挛缩病 长期使用手控制器,如手柄、轮盘等,由于持续压迫和摩擦,可引起掌挛缩病,此病发生缓慢,一般要工作 20~30 年才发生。其发生过程先是手掌腱鞘由于反复刺激而充血,形成炎性小结节,在此基础上,出现腱膜纤维性增生及皱襞化,进一步发展,腱膜可与皮肤粘连,在手掌及指的掌面形成线状瘢痕,使皮肤变厚,活动受限,严重者失去活动功能。

第二章

职业病概述

第一节　职业性病损

劳动者过量暴露职业性有害因素,会导致健康损害而引起职业性病损。职业性病损包括工伤、职业病、工作有关疾病和职业特征。

一、工伤

工伤属于工作中的意外事故引起的伤害,主要指在工作时间和工作场所内,因工作原因发生意外事故所造成的生产者的健康伤害。其主要要素有:①工作时间;②工作地点;③工作原因。常在急诊范围内,因是意外事故,较难预测,但其预防和控制应是安全生产监督部门和卫生部门的共同任务,因事故的发生常与安全意识、劳动组织、机器构造、防护措施、管理体制、个人心理状态和生活方式等因素有关,所以须明察秋毫,重视安全风险评估,消除潜在危险因素,积极预防。

二、职业病

医学定义:职业病是指职业性有害因素作用于人体的强度与时间超过一定限度,人体不能代偿其所造成的功能性或器质性病理改变,从而出现相应的临床征象,影响劳动能力。

三、工作有关疾病

广义地说,职业病也属于工作有关疾病,但一般所称的工作有关疾病,与职业病有所区别。职业病是指某一特异职业性有害因素所致的疾病,有立法意义。而工作有关疾病则指多因素相关的疾病,与工作有联系,但也见于非职业人群中,因而不是每一病种和每一病例都必须具备该项职业史或接触史。当这一类疾病发生于劳动者时,由于职业性有害因素的接触,会使原有的疾病加剧、加速或复发,或者劳动能力明显减退。工作有关疾病的范围比职业病更为广泛,其导致的疾病经济负担更大。世界劳工组织强调应高度重视工作有关疾病,必须将该类疾病列为控制和防范的重要内容,以保护工人健康,促进国民经济的健康和可持续发展。

常见的工作有关疾病举例如下:

1. 行为(精神)和身心疾病 如精神焦虑、忧郁、神经衰弱综合征,常由工作繁重、各种类型的职业紧张、夜班工作、饮食失调、过量饮酒和吸烟等因素引起。有时会由于对某一职业性有害因素产生恐惧心理,而致心理效应(psychological effects)和器官功能失调。

2. 慢性非特异性呼吸道疾患 包括慢性支气管炎、肺气肿和支气管哮喘等,是多因素引发的疾病。吸烟、环境空气污染、呼吸道反复感染常是主要病因。即使空气中污染物在卫生标准限值以下,患病者仍可发生较重的慢性非特异性呼吸道疾患。

3. 其他 如高血压、消化性溃疡、腰背痛等疾患,常与某些工作有关,例如接触二硫化碳可加剧动脉粥样硬化的进展。

四、职业特征

某些职业性有害因素作用于机体,可使体表产生某些改变,如胼胝、皮肤色素增加等。一般在生理范围内,是机体的代偿或适应性变化。

第二节 职 业 病

一、定义

法律意义上的定义:职业病是指企业、事业单位和个体经济组织等用人单位的劳动者在职业活动中,因接触粉尘、放射性物质和其他有毒、有害因素而引起的疾病。

二、法定职业病目录

世界各国除赋予职业病医学涵义外,还赋予其立法意义,即由国家所规定的"法定职业病"。

我国法定职业病的分类和目录由国务院卫生行政部门会同国务院安全生产监督管理部门、劳动保障行政部门制定、调整并公布。

我国最早在 1954 年公布了 14 种法定职业病,1987 年对法定职业病名单进行了修订,改为 9 大类 99 种,2002 年又修改为 10 大类 115 种。我国现行的法定职业病名单是原国家卫生计生委、人力资源社会保障部、安全监管总局和全国总工会4部门于2013年12月23日公布的《职业病分类和目录》(国卫疾控发〔2013〕48号)。新公布的职业病名单共分为10大类132种,包括:①职业性尘肺病及其他呼吸系统疾病19种;②职业性皮肤病9种;③职业性眼病3种;④职业性耳鼻喉口腔疾病4种;⑤职业性化学中毒60种;⑥物理因素所致职业病7种;⑦职业性放射性疾病11种;⑧职业性传染病5种;⑨职业性肿瘤11种;⑩其他职业病3种。具体见下列职业病名单。

(一)职业性尘肺病及其他呼吸系统疾病

1. 尘肺病

(1)矽肺;

(2)煤工尘肺;

(3)石墨尘肺;

(4)炭黑尘肺;

(5)石棉肺;

(6)滑石尘肺;

(7)水泥尘肺;

(8)云母尘肺;

(9)陶工尘肺;

(10)铝尘肺;

(11)电焊工尘肺;

(12)铸工尘肺;

(13)根据《尘肺病诊断标准》和《尘肺病理诊断标准》可以诊断的其他尘肺病。

2. 其他呼吸系统疾病

(1)过敏性肺炎;

(2)棉尘病;

(3)哮喘;

(4)金属及其化合物粉尘肺沉着病(锡、铁、锑、钡及其化合物等);

(5)刺激性化学物所致慢性阻塞性肺疾病;

(6)硬金属肺病。

(二)职业性皮肤病

1. 接触性皮炎;

2. 光接触性皮炎;

3. 电光性皮炎;

4. 黑变病;

5. 痤疮；

6. 溃疡；

7. 化学性皮肤灼伤；

8. 白斑；

9. 根据《职业性皮肤病的诊断总则》可以诊断的其他职业性皮肤病。

（三）职业性眼病

1. 化学性眼部灼伤；

2. 电光性眼炎；

3. 白内障（含放射性白内障、三硝基甲苯白内障）。

（四）职业性耳鼻喉口腔疾病

1. 噪声聋；

2. 铬鼻病；

3. 牙酸蚀病；

4. 爆震聋。

（五）职业性化学中毒

1. 铅及其化合物中毒（不包括四乙基铅）；

2. 汞及其化合物中毒；

3. 锰及其化合物中毒；

4. 镉及其化合物中毒；

5. 铍病；

6. 铊及其化合物中毒；

7. 钡及其化合物中毒；

8. 钒及其化合物中毒；

9. 磷及其化合物中毒；

10. 砷及其化合物中毒；

11. 铀及其化合物中毒；

12. 砷化氢中毒；

13. 氯气中毒；

14. 二氧化硫中毒；

15. 光气中毒；

16. 氨中毒；

17. 偏二甲基肼中毒；

18. 氮氧化合物中毒；

19. 一氧化碳中毒；

20. 二硫化碳中毒；

21. 硫化氢中毒；

22. 磷化氢、磷化锌、磷化铝中毒；

23. 氟及其无机化合物中毒；

24. 氰及腈类化合物中毒；

25. 四乙基铅中毒；

26. 有机锡中毒；

27. 羰基镍中毒；

28. 苯中毒；

29. 甲苯中毒；

30. 二甲苯中毒；

31. 正己烷中毒；

32. 汽油中毒；

33. 一甲胺中毒；

34. 有机氟聚合物单体及其热裂解物中毒；

35. 二氯乙烷中毒；

36. 四氯化碳中毒；

37. 氯乙烯中毒；

38. 三氯乙烯中毒；

39. 氯丙烯中毒；

40. 氯丁二烯中毒；

41. 苯的氨基及硝基化合物（不包括三硝基甲苯）中毒；

42. 三硝基甲苯中毒；

43. 甲醇中毒；

44. 酚中毒；

45. 五氯酚（钠）中毒；

46. 甲醛中毒；

47. 硫酸二甲酯中毒；

48. 丙烯酰胺中毒；

49. 二甲基甲酰胺中毒；

50. 有机磷中毒；

51. 氨基甲酸酯类中毒；

52. 杀虫脒中毒；

53. 溴甲烷中毒；

54. 拟除虫菊酯类中毒；

55. 铟及其化合物中毒；

56. 溴丙烷中毒；

57. 碘甲烷中毒；

58. 氯乙酸中毒；

59. 环氧乙烷中毒；

60. 上述条目未提及的与职业性有害因素接触之间存在直接因果联系的其他化学中毒。

（六）物理因素所致职业病

1. 中暑；

2. 减压病；

3. 高原病；

4. 航空病；

5. 手臂振动病；

6. 激光所致眼（角膜、晶状体、视网膜）损伤；

7. 冻伤。

（七）职业性放射性疾病

1. 外照射急性放射病；

2. 外照射亚急性放射病；

3. 外照射慢性放射病；

4. 内照射放射病；

5. 放射性皮肤疾病；

6. 放射性肿瘤（含矿工高氡暴露所致肺癌）；

7. 放射性骨损伤；

8. 放射性甲状腺疾病；

9. 放射性性腺疾病；

10. 放射复合伤；

11. 根据《职业性放射性疾病诊断标准（总则）》可以诊断的其他放射性损伤。

（八）职业性传染病

1. 炭疽；

2. 森林脑炎；

3. 布鲁菌病；

4. 艾滋病（限于医疗卫生人员及人民警察）；

5. 莱姆病。

（九）职业性肿瘤

1. 石棉所致肺癌、间皮瘤；

2. 联苯胺所致膀胱癌；

3. 苯所致白血病；

4. 氯甲醚、双氯甲醚所致肺癌；

5. 砷及其化合物所致肺癌、皮肤癌；

6. 氯乙烯所致肝血管肉瘤；

7. 焦炉逸散物所致肺癌；

8. 六价铬化合物所致肺癌；

9. 毛沸石所致肺癌、胸膜间皮瘤；

10. 煤焦油、煤焦油沥青、石油沥青所致皮肤癌；

11. β- 萘胺所致膀胱癌。

（十）其他职业病

1. 金属烟热；

2. 滑囊炎（限于井下工人）；

3. 股静脉血栓综合征、股动脉闭塞症或淋巴管闭塞症（限于刮研作业人员）。

三、职业病的致病模式

当人体直接或间接暴露于作业环境中职业性有害因素时，不一定都发生职业病。职业病的致病模式可用三角模式图表示（图 2-1）。

图 2-1 职业病的致病模式图

职业病是否发生、发生的快慢和损害的程度等取决于以下 3 个主要条件：①有害因素的性质；②作用条件；③个体特征。

在同一作业条件下，不同个体发生职业性病损的机会和程度也有一定的差别，这与以下个体因素有关：

1. 遗传因素 患有某些遗传性疾病或存在遗传缺陷（变异）的人，容易受某些有害因素的作用。如对苯胺类化学物易感者，往往有葡萄糖 -6- 磷酸脱氢酶的先天性遗传缺陷；血清 α- 抗胰蛋白酶缺陷的个体，一旦接触刺激性气体，容易发生中毒，且易引起肺水肿等严重病变。

2. 年龄和性别差异 包括妇女从事对胎儿、乳儿有影响的工作，以及未成年和老年工人对某些有害因素作用的易感性。

3. 营养不良　如不合理膳食结构,可致机体抵抗力降低。

4. 其他疾病　如患有皮肤病会降低皮肤防护能力,肝病影响其对毒物的解毒功能等。

5. 文化水平和生活方式　如缺乏卫生及自我保健意识,以及吸烟、酗酒、缺乏体育锻炼、过度精神紧张等,均能增加职业性有害因素的致病机会和程度。

以上这些因素统称个体危险因素(host risk factors),存在这些因素者对职业性有害因素较易感,故称为易感者(vulnerable group)或高危人群(high risk group)。

职业禁忌证(occupational contraindications)是指劳动者从事特定职业或者接触特定职业病危害因素时,比一般人更易遭受职业病危害和罹患职业病或可能导致自身原有疾病病情加重,或者在作业过程中可能诱发导致危险疾病的个人特殊生理或病理状态。

在职业健康检查评价中,职业禁忌证是判定劳动者能否从事某项职业或接触某种职业病危害因素的关键依据。劳动者在参加工作(上岗)前应进行健康检查,以确定有无该工种的职业禁忌证,是否适合该工种的工作。在工作岗位变动或长期病假复工前,也应进行健康筛检。从事某项工作后,每隔一定时间应进行体检,与上岗前体检资料作比较,从而评价有无职业危害的损伤。对有职业禁忌证的职工,应按规定不得上岗工作。对在岗职工,一旦发现职业禁忌证,应及时调离,改做其他工作。对已经治愈的职业禁忌证职工,则可从事原工作。检查职业禁忌证,在防止职业病发生和发展中具有很大的作用,也是一种不可忽视的手段。

充分识别和评价各种职业性有害因素及其作用条件,以及个体特征,并针对三者之间的内在联系,采取措施,阻断其因果链,才能有效预防职业病的发生。

四、职业病的特点

从诱发职业病的主要条件来看,职业病具有下列5个特点:

1. 病因明确且有特异性　职业病的唯一病因就是职业性有害因素,只有在接触职业性有害因素后才可能患职业病,消除或控制了职业性有害因素后可以杜绝或降低职业病的发生。

2. 病因可检测,有暴露水平(剂量)—反应(效应)关系　所接触的职业性有害因素大多是可以检测和识别的(既可定性又可定量),且所暴露病因的强度或浓度需达到一定程度才能致病,一般存在暴露水平(剂量)-反应(效应)

关系。

3. 群体性,特征性 在不同职业性有害因素的接触人群中,常有不同的发病集丛(cluster),很少只出现个别病例。然而由于接触情况不同和个体差异,可造成不同接触人群的发病特征不同。

4. 早期诊断,合理处理,预后较好 大多数职业病如能早期发现、早期诊断、及时治疗、妥善处理,预后较好。

5. 难治愈,重预防 除了职业性传染病,大多数职业病目前尚缺乏特效治疗办法,所以工作重点应放在职业性有害因素的控制和职业病的预防方面。

职业病的3个发病条件和5个特点,进一步说明三级预防的重要性,保障劳动者健康是职业病防治、生产力促进和国民经济可持续发展的目标。

五、职业病的诊断和管理

职业病的诊断科学性和政策性较强,涉及国家、用人单位和个人三方利益,一定要遵循科学、公正、及时、便民的原则,依据《中华人民共和国职业病防治法》及《职业病诊断及鉴定管理办法》和国家职业病诊断标准进行,并符合职业病诊断与鉴定的程序。诊断机构应依据职业病诊断标准,根据临床表现、医学检查结果,结合上述资料,进行综合分析作出诊断。可以概括为:"以确切的职业接触史为前提,以典型的临床表现为依据,以法定的职业病诊断标准为标尺。"

1. 申请地域 劳动者可以在用人单位所在地或者本人居住地依法承担职业病诊断的医疗卫生机构进行职业病诊断。

2. 申请人提交的资料 劳动者申请职业病诊断时应当提供:①职业史、既往史;②职业健康档案监护档案复印件;③职业健康检查结果;④工作场所历年职业病危害因素检测、评价资料;⑤诊断机构要求提供的其他必需的有关资料。

3. 诊断机构 诊断机构应组织3名以上取得职业病诊断资格的执业医师进行集体诊断。职业病诊断机构应当具备下列条件:

(1)持有《医疗机构执业许可证》。

(2)具有相应的诊疗科目及与开展职业病诊断相适应的职业病诊断医师等相关医疗卫生技术人员。

(3)具有与开展职业病诊断相适应的场所和仪器、设备。

(4)具有健全的职业病诊断质量管理制度。

4. 诊断医师 职业病诊断由诊断小组完成,从事职业病诊断的医师应当具备下列条件,并取得省级卫生行政部门颁发的职业病诊断资格证书。

(1)具有医师执业证书。

（2）具有中级以上卫生专业技术职务任职资格。

（3）熟悉职业病防治法律法规和职业病诊断标准。

（4）从事职业病诊断、鉴定相关工作3年以上。

（5）按规定参加职业病诊断医师相应专业的培训，并考核合格。

5．诊断依据

（1）职业史和职业病危害接触史：这是职业病诊断的重要前提。应详细询问患者的职业史，包括现职工种、工龄、岗位、接触职业性有害因素的名称、生产工艺、操作方法、防护措施；既往工作经历，包括部队服役史、再就业史、兼职史等，以初步判断患者接触职业性有害因素的可能性和严重程度。

（2）现场调查：是诊断职业病的重要依据。应深入作业现场，进一步了解患者所在岗位的生产工艺过程、劳动过程、职业性有害因素的强度、预防措施；同一或相似接触条件下的其他作业人员有无类似发病情况等，进一步判断患者在该条件下，引起职业病的可能性。

（3）临床症状与体征：职业病的临床表现复杂多样，同一职业性有害因素在不同致病条件下可能导致性质和程度可能有截然不同的临床表现；不同职业性有害因素又可能引起同一症状或体征；非职业因素也可导致与职业因素损害完全相同或相似的临床症状和体征。因此，在临床资料收集与分析时既要注意不同职业病的共同点，又要考虑到各种特殊的和非典型的临床表现；不仅要排除其他职业性有害因素所致类似疾病，还要考虑职业病与非职业病的鉴别诊断。一般来说，急性职业性化学中毒因果关系较明确，而慢性职业性化学中毒的因果关系有时难以确立。诊断分析应注意其临床表现与所接触职业性有害因素的毒作用性质是否相符，职业病的程度与其接触强度是否相符，尤应注意各种症状体征发生的时间顺序及与接触职业性有害因素的关系。

（4）实验室检查：实验室检查对职业病的诊断具有重要意义，生物标志物（biomarker）主要包括3大类：接触生物标志物（exposure biomarker）、效应生物标志物（effect biomarker）和易感性生物标志物（susceptibility biomarker）。接触生物标志物指机体内可测量的外源性物质、其代谢产物、外源性物质或其代谢产物与靶分子或靶细胞相互作用的产物，如：铅作业工人的尿铅、血铅作为铅的暴露标志物。效应生物标志物指机体内可测量的生化、生理、行为或其他改变，这些改变可引起确定的或潜在的健康损害或疾病，包括：①反映毒作用的指标，如铅中毒者检测尿 δ- 氨基 -γ- 酮戊酸（δ-ALA）、有机磷农药中毒者检测血液胆碱酯酶活性等效应生物标志物；②反映职业性有害因素所致组织器官病损的指标，包括血、尿常规检测及肝、肾功能试验等。易感性生物标志物指能使个体易受职业性有害因素影响的个体特征，主要为一些关键的代谢酶和DNA损伤修复基因，基因多态性常作为易感性生物标志物。

上述各项诊断依据要全面、综合分析,才能作出切合实际的诊断。对有些暂时不能明确诊断的患者,应先作对症处理、动态观察、逐步深化认识,再作出正确的诊断,否则可能引起误诊误治,如将铅中毒所致急性腹绞痛误诊为急性阑尾炎而行阑尾切除术等。导致误诊误治的原因很多,主要是供诊断分析用的资料不全,尤其是忽视职业史及现场调查资料的收集。

6. 职业病的管理

(1)职业病的报告制度

1)急性职业性化学中毒和急性职业病应在诊断后24小时以内报告,卫生监督部门应会同有关单位下厂进行调查,提出报告,以便督促厂矿企业做好预防职业病工作,防止中毒事故再次发生。

2)慢性职业性化学中毒和慢性职业病应在15天内会同有关部门进行调查,提出报告并进行登记,以便及时掌握和研究职业性化学中毒和职业病的动态,制订预防措施。

(2)职业病的鉴定制度:当事人对职业病诊断机构作出的职业病诊断结论有异议的,可以在接到职业病诊断证明书之日起30天内,向职业病诊断机构所在地方政府卫生行政部门申请鉴定。职业病鉴定委员会由相关专业的专家组成,需要对职业病争议进行诊断鉴定时,可由当事人或者当事人委托有关卫生行政部门从专家库中以随机抽取的方式确定参加诊断鉴定委员会的专家。职业病诊断鉴定费用由用人单位承担。

(3)职业病患者的待遇:职业病防治法规定,用人单位应当保障职业病患者依法享受国家规定的职业病待遇,安排职业病患者进行治疗、康复和定期检查。

用人单位对不适宜继续从事原工作的职业病患者,应当调离原岗位,并妥善安置。

职业病患者的诊疗、康复费用,伤残以及丧失劳动能力的职业病患者的社会保障,按照国家有关工伤保险的规定执行。

六、职业病的三级预防原则

《中华人民共和国职业病防治法》第一章第三条指出,职业病防治工作坚持预防为主、防治结合的方针,建立用人单位负责、行政机关监管、行业自律、职工参与和社会监督的机制,实行分类管理、综合治理。应按三级预防措施加以控制,以保护和促进职业人群的健康。

(一)第一级预防

第一级预防(primary prevention)又称病因预防,是从根本上消除或控制职业性有害因素对人体的作用和损害,即改进生产工艺和生产设备,合理利用

防护设施及个人防护用品,以减少或消除工人接触的机会。主要有如下几个方面:

1. 改进生产工艺和生产设备 使其符合我国工业企业设计的卫生标准。

2. 职业卫生立法和有关标准、法规制定 如2007年,经更新、修订,颁布了《工作场所有害因素职业接触限值化学有害因素》(GBZ 2.1—2007)和《工作场所有害因素职业接触限值物理因素》(GBZ 2.2—2007)等。

3. 个人防护用品的合理使用和职业禁忌证的筛检 如生产性粉尘所导致的尘肺病,可以戴口罩;对高危职业人群,可依据《职业健康监护技术规范》(GBZ 188)上岗前对就业禁忌证进行检查,凡有职业禁忌证者,禁止从事相关的工作。

4. 控制已明确能增加发病危险的社会经济、健康行为和生活方式等个体危险因素 如禁烟可预防多种慢性病、职业病或肿瘤。

(二)第二级预防

第二级预防(secondary prevention)又称发病预防,是早期检测和诊断人体受到职业性有害因素所致的健康损害。尽管第一级预防措施是理想的方法,但所需费用较大,在现有的技术条件下,有时难以完全达到理想效果,仍然可能出现不同健康损害的人群,因此,第二级预防也是十分必要的。其主要手段是定期进行职业性有害因素的监测和对接触者的在岗期间职业健康检查,以早期发现病损并进行职业病诊断,特别是早期健康损害的发现,及时采取预防、处理措施。定期职业健康的间隔期可根据下列原则而定:

1. 疾病的发病时间和严重程度。

2. 接触职业性有害因素的浓度或强度和时间。

3. 接触人群的易感性。体格检查项目应鼓励常规检查并结合特异、敏感的检测指标。肺通气功能的检查或X线肺部摄片,常用作检测接触粉尘作业者的功能性和病理性改变的指标;微核率可以用于接触如放射线、多环芳烃等职业性致癌因素的早期检测等;心电图、脑电图和神经传导速度和听力检查均可作为相关有害因素早期的特异检查方法。

(三)第三级预防

第三级预防(tertiary prevention)又称临床预防,是指在患病以后,给予积极治疗和促进康复的措施。第三级预防的原则主要包括:

1. 对已有健康损害的接触者应调离原有工作岗位,并结合合理的治疗。

2. 根据接触者受到健康损害的原因,对生产环境和工艺过程进行改进,既能治疗患者,又加强一级预防。

3. 促进患者康复,预防并发症的发生和发展。除极少数职业性化学中毒有特殊的解毒治疗外,大多数职业病主要依据受损的靶器官或系统,采用临床治疗原则,给予对症治疗。特别是对接触粉尘所致肺纤维化,目前尚无特效方法治疗。

三级预防体系相辅相成、浑然一体。第一级预防针对整个人群,是最重要的,第二级和第三级是第一级预防的延伸和补充。全面贯彻和落实三级预防措施,做到源头预防、早期检测、早期处理、促进康复、预防并发症、改善生活质量,构成职业卫生与职业医学的完整体系。

第三章
职业性健康损害

第一节　铅及其化合物中毒

一、理化特性

铅（lead，Pb）为灰白色重金属。原子量 207.20，比重 11.3，熔点 327℃，沸点 1620℃。当加热至 400~500℃时，即有大量铅蒸气逸出，在空气中氧化成氧化亚铅（Pb_2O），并凝集为铅烟。随着熔铅温度升高，还可逐步生成氧化铅（密陀僧，PbO）、三氧化二铅（黄丹，Pb_2O_3）、四氧化三铅（红丹，Pb_3O_4）。除了铅的氧化物以外，常用的铅化合物还有碱式碳酸铅 $[PbCO_3 \cdot PbC(OH)_2]$、铬酸铅（$PbCrO_4$）、醋酸铅 $[Pb(CH_3COO)_2 \cdot 3H_2O]$、砷酸铅 $[Pb_3(AsO_4)]$ 和硅酸铅（$PbSiO_3$）等。金属铅不溶于水，但溶于稀盐酸、碳酸和有机酸，铅尘遇湿和 CO_2 变为 $PbCO_3$。铅的化合物多为粉末状，大多不溶于水，但可溶于酸；醋酸铅、硝酸铅则易溶于水。

二、暴露机会

1. 铅矿开采及冶炼　工业开采的铅矿主要为方铅矿（硫化铅）、碳酸铅矿（白铅矿）及硫酸铅矿。开矿时，呼吸和消化道接触均为重要途径。在铅冶炼时，混料、烧结、还原和精炼过程中均可接触。在冶炼锌、锡、锑等含铅金属和制造铅合金时，亦存在铅危害。

2. 熔铅作业　金属铅质地较软，延展性较大，常用于制造铅丝、铅皮、铅箔、铅管、铅槽、铅丸等，旧印刷业的铸版、铸字，制造电缆，焊接用的焊锡，废铅回收等，均可接触铅烟、铅尘或铅蒸气。

3. 铅化合物　铅的氧化物广泛用于蓄电池、玻璃、景泰蓝、搪瓷、油漆、颜料、釉料、防锈剂、橡胶硫化促进剂等。铅的其他化合物如醋酸铅可用于制药、化工工业，铬酸铅用于油漆、颜料、搪瓷等工业，碱式硫酸铅、碱式亚磷酸铅、硬脂酸铅等用作塑料稳定剂，砷酸铅。铅的其他化合物，可用于制药（醋酸铅）、塑料工业（碱式硫酸铅、碱式亚磷酸铅、硬脂酸铅）、用作杀虫剂、除草剂农药的生产（砷酸铅）等。

4. 生活性接触 滥用含铅的药物治疗慢性病（癫痫、哮喘、牛皮癣等），用铅壶或含铅的锡壶烫酒饮酒，误食被铅化合物污染的食物等。

三、毒理特点

1. 吸收 铅化合物可通过呼吸道和消化道吸收。生产过程中，铅及其化合物主要以粉尘、烟或蒸气的形式污染生产环境，所以呼吸道是主要吸入途径，其次是消化道。铅经呼吸道吸收较为迅速，吸入的氧化铅烟约有 40% 吸收入血循环，其余由呼吸道排出，铅尘的吸收取决于颗粒大小和溶解度。铅经消化道吸收，主要是由在铅作业场所进食、饮水、吸烟或摄取被铅污染的食物引起。经消化道摄入的铅化合物约有 5%~10% 通过胃肠道吸收，空腹时可高达 45%。铅及其无机铅化合物不能通过完整皮肤，但四乙基铅可通过皮肤和黏膜吸收。儿童经过呼吸道和消化道对铅的吸收率明显高于成人。

2. 分布 血液中的铅有 90% 以上可与红细胞结合，其余在血浆中。血浆中的铅一部分是活性较大的可溶性铅，主要为磷酸氢铅（$PbHPO_4$）和甘油磷酸铅，另一部分是血浆蛋白结合铅。初期，血液中的铅随血液循环分布于全身各器官系统中，以肝、肌肉、皮肤、结缔组织含量较高，其次是肺、肾、脑。数周后，由软组织转移到骨，并以难溶的磷酸铅 [$Pb_3(PO_4)_2$] 形式沉积下来。铅在骨内先进入长骨小梁部，然后逐渐分布于皮质。人体内 90%~95% 的铅储存于骨内，其中 70% 储存于骨皮质内。骨铅可分两部分，一部分比较稳定，半减期约为 20 年，另一部分具有代谢活性，可迅速向血液和软组织转移，半减期约为 19 天。骨铅与血液和软组织中的铅保持着动态平衡。

3. 代谢 铅在体内的代谢与钙相似，凡能影响钙在体内贮存和排出的因素，均可影响到铅的代谢。缺铁、缺钙及高脂饮食可增加胃肠道对铅的吸收。当缺钙或因感染、饮酒、外伤、服用酸性药物等改变体内酸碱平衡时，以及骨疾病（如骨质疏松、骨折）发生时，可导致骨内储存的磷酸铅转化为溶解度增大 100 倍的磷酸氢铅而进入血液，使血液中铅浓度短期内急剧升高，引起铅中毒症状发作或使其症状加重。

4. 排泄 体内的铅大部分经肾脏随尿排出，少部分铅可随粪便、唾液、汗液、乳汁、月经、脱落的皮屑等排出。乳汁内的铅可影响婴儿，血铅也可通过胎盘进入胎儿体内而影响到子代。

5. 毒作用机制 铅中毒的机制尚未完全阐明。铅作用于全身各器官和系统，主要累及神经系统、血液及造血系统、消化系统、心血管系统及肾脏等。

目前,在铅中毒机制研究中,铅对卟啉代谢和血红蛋白合成影响的研究最为深入,并认为出现卟啉代谢紊乱是铅中毒重要和较早的变化之一。

目前比较清楚的是铅可抑制 δ- 氨基 -γ- 酮戊酸脱水酶(ALAD)和血红蛋白合成酶。ALAD 受抑制后,δ- 氨基 -γ- 酮戊酸(ALA)形成胆色素原受阻,血 ALA 增加并由尿排出。血红蛋白合成酶受抑制后,二价铁离子不能和原卟啉 IX 结合,使血红蛋白合成障碍,同时红细胞游离原卟啉(FEP)增加,使体内的 Zn 离子被络合于原卟啉 IX,形成锌原卟啉(ZPP)。铅还可抑制 δ- 氨基 -γ- 酮戊酸合成酶(ALAS),但由于 ALA 合成酶受血红蛋白反馈调节,铅对血红蛋白合成酶的抑制又间接促进 ALA 合成酶的生成。

此外,铅对红细胞,特别是骨髓中幼稚红细胞具有较强的毒作用,使点彩红细胞形成增加。铅可使骨髓幼稚红细胞发生超微结构的改变,如核膜变薄,胞质异常,高尔基体及线粒体肿胀,细胞成熟障碍等。铅在细胞内可与蛋白质的巯基结合,干扰多种细胞酶类活性,例如铅可抑制细胞膜三磷酸腺苷酶,导致细胞内大量钾离子丧失,使红细胞表面物理特性发生改变,寿命缩短,脆性增加,导致溶血。

铅对神经系统、消化系统和肾脏的损害机制有待于深入研究。

四、临床特点

1. 急性中毒 生产中发生急性中毒的机会少,多因误服大量铅化合物所致。主要表现为口内有金属味、恶心、呕吐、腹胀、阵发性腹部剧烈绞痛(腹绞痛)、便秘或腹泻等胃肠道症状。此外,还可有头痛、血压升高、苍白面容(铅容)及肝肾功能损害等,严重者可发生中毒性脑病。

2. 慢性中毒 职业性铅中毒多为慢性中毒,其主要临床表现为对神经系统、消化系统、造血系统的损害。典型中毒的临床表现为周围神经炎、腹绞痛和贫血。

(1)神经系统:主要表现为类神经症、外周神经炎,严重者出现中毒性脑病。①类神经征是铅中毒早期和常见症状,表现为头昏、头痛、乏力、失眠、多梦、记忆力减退等,属功能性症状。②外周神经炎可呈运动型、感觉型或混合型,轻者仅为感觉神经受累,表现为肢端麻木,四肢末端呈手套、袜套样感觉障碍。重者运动神经亦受累,表现为握力减退,进一步发展为伸肌无力和麻痹,神经传导速度减慢,甚至出现典型的"腕下垂"或"足下垂"。混合型表现为感觉和运动均有障碍。③铅中毒性脑病(lead encephalopathy)表现为头痛、恶心、呕吐、高热、烦躁、抽搐、嗜睡、精神障碍,智力及精神障碍、癫痫发作、昏迷等症状,在职业性中毒中已极为少见。

(2)消化系统:表现为口内金属味、食欲不振、恶心、隐性腹痛、腹胀、腹泻与便秘交替出现等。重者可出现腹绞痛，多为突然发作，部位常在脐周，发作时患者面色苍白、烦躁、冷汗、体位卷曲，一般止痛药不易缓解，发作可持续数分钟以上。检查腹部常平坦柔软，轻度压痛但无固定点，肠鸣减弱，常伴有暂性血压升高和眼底动脉痉挛。腹绞痛是慢性铅中毒急性发作的典型症状。

（3）血液及造血系统：可有轻度贫血，多呈低色素正常细胞型贫血，亦有呈小细胞性贫血，卟啉代谢障碍，点彩红细胞、网织红细胞、碱粒红细胞增多等。

（4）其他：口腔卫生不好者，在齿龈与牙齿交界边缘上可出现由硫化铅颗粒沉淀形成的暗蓝色线，即铅线（lead line，blue line）。部分患者肾脏受到损害，表现为近曲小管损伤引起的Fanconi综合征，伴有氨基酸尿、糖尿和磷酸盐尿，少数较重患者可出现蛋白尿，尿中红细胞、管型及肾功能减退。此外，铅可使男工精子数目减少、活动力减弱和畸形率增加；还可导致女性月经失调、流产、早产、不育等。

五、诊断

根据确切的职业史及以神经、消化、造血系统为主的临床表现与有关实验室检查，参考作业环境调查，进行综合分析，排除其他原因引起的类似疾病，方可诊断职业性铅中毒。其中实验室检查包括血铅、尿铅、尿 δ-氨基-γ-酮戊酸脱水酶（ALA）、血锌原卟啉（ZPP）。我国现行的《职业性慢性铅中毒诊断标准》GBZ 37—2015）规定如下（表3-1）。

表3-1　职业性慢性铅中毒诊断分级及处理原则

铅中毒分级	诊断标准	处理原则
轻度中毒	①血铅 ≥ 2.9μmol/L（600μg/L）或尿铅 ≥ 0.58μmol/L（120μg/L），且具有下列一项表现者：a）尿 δ-氨基-γ-酮戊酸 ≥ 61.0μmol/L（8000μg/L）者；b）红细胞锌原卟啉（ZPP）> 2.91μmol/L（13.0μg/gHb）；c）有腹部隐痛、腹胀、便秘等症状。②诊断性驱铅试验，尿铅 ≥ 3.86μmol/L（800μg/L）或 4.82μmol/24h（1000μg/24h）者	治愈后可恢复原工作，不必调离铅作业
中度中毒	在轻度中毒的基础上，具有下列一项表现者：①腹绞痛；②贫血；③轻度中毒性周围神经病	治愈后可恢复原工作，不必调离铅作业
重度中毒	具有下列一项表现者：①铅麻痹；②中毒性脑病	必须调离铅作业，给予治疗和休息

六、治疗

1. 驱铅疗法　常用金属络合剂驱铅。首选依地酸二钠钙(CaNa$_2$-EDTA)，CaNa$_2$-EDTA 可与体内的钙、锌等形成稳定的络合物而排出，可能导致血钙降低及其他元素排出过多，故长期用药可出现"过络合综合征"，患者自觉疲劳、乏力、食欲不振等，应注意观察。二巯基丁二酸钠(Na-DMS)为次选药物。

2. 对症疗法　根据病情给予支持疗法，如适当休息、合理营养等；如有类神经征者给以镇静剂，腹绞痛发作时可静脉注射葡萄糖酸钙或皮下注射阿托品。

3. 一般治疗　适当休息，合理营养，补充维生素等。

七、预防

降低生产环境空气中铅浓度，使之达到卫生标准是预防的关键，同时应加强个人防护。

1. 降低铅浓度　①用无毒或低毒物代替铅：如用锌钡白、钛钡白代替铅白制造油漆，用铁红代替铅丹制造防锈漆，用激光或电脑排版代替铅字排版等；②加强工艺改革：使生产过程机械化、自动化、密闭化。如铅熔炼用机械浇铸代替手工操作，蓄电池制造采用铸造机、涂膏机、切边机等，以减少铅尘飞扬；③加强通风：如熔铅锅、铸字机、修版机等均可设置吸尘排气罩，抽出烟尘需净化后再排出；④控制熔铅温度、减少铅蒸气逸出：熔铅温度控制在400℃以内。我国铅的职业接触限值为：铅烟 0.03mg/m^3，铅尘 0.05mg/m^3；短时间职业接触限值为：铅烟 0.09mg/m^3，铅尘 0.15mg/m^3。

2. 加强个人防护和卫生操作制度　铅作业工人应穿工作服，戴滤过式防尘、防烟口罩。严禁在车间内吸烟、进食，饭前洗手，下班后淋浴。坚持车间内湿式清扫制度，定期监测车间空气中铅浓度和进行设备检修。定期对工人进行体检，有铅吸收的工人应早期进行驱铅治疗。妊娠及哺乳期女工应暂时调离铅作业。

3. 职业禁忌证　贫血、卟啉病、多发性周围神经病。

第二节　汞及其化合物中毒

一、理化特性

汞(mercury, Hg)俗称水银，为银白色液态金属，原子量 200.59，沸点356.6℃。汞矿的主要成分是 HgS，又称朱砂、辰砂、丹砂、赤丹、汞沙。汞理化特性可以归纳为五点。

1. 熔点低 汞的熔点为 38.9℃,在常温下即能蒸发,气温愈高蒸发愈快,空气流动时蒸发更多。

2. 比重大 汞的比重 13.6,蒸气比重 6.9。

3. 表面张力大、易吸附 汞的表面张力大、黏度小、易流动,如果流散或溅落后立即形成很多小汞珠,且可被泥土、地面缝隙、衣物等吸附,增加蒸发表面积,并成为作业场所的二次污染源。

4. 脂溶性 不溶于水和有机溶剂,可溶于热浓硫酸、稀硝酸和类脂质。

5. 生成汞齐 汞可溶解金银等贵重金属生成汞合金(汞齐)。

二、暴露机会

汞矿开采与冶炼,尤其是土法火式炼汞,除了职业接触外,还严重污染空气、土壤和水源。电工器材、仪器仪表制造和维修,如温度计、气压表、血压计、石英灯、荧光灯等。用汞作阴极电解食盐生产烧碱和氯气,塑料、染料工业用汞作催化剂。生产含汞药物及试剂,用于鞣革、印染、防腐、涂料等;用汞齐法提取金银等贵金属,用金汞齐镀金及镏金;口腔科用银汞齐填补龋齿;军工生产中,用雷汞制造雷管做起爆剂;在原子能工业中用汞作钚反应堆冷却剂等。

三、毒理特点

金属汞主要以蒸气形式经呼吸道进入体内。由于汞蒸气具有脂溶性,可迅速弥散,透过肺泡壁被吸收,吸收率可达 70% 以上;空气中汞浓度增高时,吸收率也增加。金属汞很难经消化道吸收,但汞盐及有机汞化合物易被消化道吸收。

汞及其化合物进入机体后,最初分布于红细胞及血浆中,以后到达全身很多组织。最初集中在肝,随后转移至肾脏,主要分布在肾皮质,以近曲小管上皮组织内含量最多,导致肾小管重吸收功能障碍;在肾功能尚未出现异常时可观察到尿中某些酶和蛋白的改变,如 N- 乙酰 -β- 氨基葡萄糖苷酶(NAG)和 β_2- 微球蛋白(β_2-MG)。汞在体内可诱发生成金属硫蛋白(metallothionein,MT),这是一种低分子富含巯基的蛋白质,主要蓄积在肾脏,对汞在体内的解毒和蓄积以及保护肾脏起一定作用。汞可通过血脑屏障进入脑组织,并在脑中长期蓄积。汞也易通过胎盘进入胎儿体内,影响胎儿发育。

汞主要经肾脏随尿排出,在未产生肾损害时,尿汞的排出量约占总排出量的 70%,但尿汞的排出很不规则,且较为缓慢,停止接触后 10 多年,尿汞仍可超过正常值。少量汞可随粪便、呼出气、乳汁、唾液、汗液、毛发等排出。汞在人体内半减期约 60 天。

汞中毒的机制尚不完全清楚。汞进入体内后,在血液内通过过氧化氢酶氧化为二价汞离子(Hg^{2+})。Hg^{2+} 与蛋白质的巯基(SH)具有特殊亲和力,而巯基是细胞代谢过程中许多重要酶的活性部分,当汞与这些酶的巯基结合后,可干扰其活性甚至使其失活,如汞离子与 GSH 结合后形成不可逆性复合物而损害其抗氧化功能。Hg^{2+} 还可与细胞膜表面上酶的巯基结合,可改变酶的结构和功能。汞与体内蛋白结合后可由半抗原成为抗原,引起变态反应,出现肾病综合征,高浓度的汞还可直接引起肾小球免疫损伤。

汞与巯基结合并不能完全解释汞毒性作用的特点,汞毒性作用的确切机制仍有待进一步研究。

四、临床特点

1. **急性中毒** 短时间吸入高浓度汞蒸气或摄入可溶性汞盐可致急性中毒,多由于在密闭空间内工作或意外事故造成。一般起病急,有发热、咳嗽、呼吸困难、口腔炎和胃肠道症状,继之可发生化学性肺炎伴有发绀、气促、肺水肿等。急性汞中毒常出现皮疹,多呈现泛发性红斑、丘疹或斑丘疹,可融合成片。肾损伤表现为开始时多尿,继之出现蛋白尿、少尿及肾衰。急性期恢复后可出现类似慢性中毒的神经系统症状。口服汞盐可引起胃肠道症状,恶心、呕吐、腹泻和腹痛,并可引起肾脏和神经损害。

2. **慢性中毒** 慢性汞中毒较常见,其典型临床表现为易兴奋症、意向性震颤和口腔炎。

(1)神经系统:初期表现为类神经症,如头昏、乏力、健忘、失眠、多梦、易激动等,部分病例可有心悸、多汗等自主神经系统紊乱现象,病情进一步发展则会发生性格改变,如急躁、易怒、胆怯、害羞、多疑等。震颤是神经毒性的早期症状,开始时表现为手指、舌尖、眼睑的细小震颤,多在休息时发生。进一步发展成前臂、上臂粗大震颤,也可伴有头部震颤和运动失调。震颤特点为意向性,即震颤开始于动作时,在动作过程中加重,动作完成后停止,被别人注意、紧张或愈加以控制时,震颤程度常更明显加重。震颤、步态失调、动作迟缓等综合征,类似帕金森病,后期可出现幻觉和痴呆。部分患者出现周围神经病,表现为双下肢沉重、四肢麻木、烧灼感,四肢呈手套、袜套样感觉减退。慢性中毒性脑病以小脑共济失调表现多见,还可表现为中毒性精神病。

(2)口腔-牙龈炎:早期多有流涎、糜烂、溃疡、牙龈肿胀、酸痛、易出血,继而可发展为牙龈萎缩、牙齿松动,甚至脱落。口腔卫生不良者,可在龈缘出现蓝黑色汞线。

（3）肾脏损害：少数患者可有肾脏损害。早期因肾小管重吸收功能障碍可表现为 NAG 和 β_2-MG 和维生素 A 结合蛋白（RBP）含量增高。随着病情加重，肾小球的通透性改变，尿中出现高分子蛋白、管型尿甚至血尿，可见水肿。

（4）其他：胃肠功能紊乱、脱发、皮炎、免疫功能障碍，生殖功能异常，如月经紊乱、不育、异常生育、性欲减退、精子畸形等。

实验室检查：尿汞反映近期汞接触水平，急性汞中毒时，尿汞往往明显高于生物接触限值（我国正常人尿汞正常参考值为 2.25μmol/mol 肌酐，4μg/g 肌酐）。长期从事汞作业的劳动者，尿汞往往高于其生物接触限值（20μmol/mol 肌酐，35μg/g 肌酐）。

五、诊断

根据接触金属汞的职业史、出现相应的临床表现及实验室检查结果，参考职业卫生学调查资料，进行综合分析，排除其他病因所致类似疾病后，方可诊断。具体诊断标准参见《职业性汞中毒诊断标准》（GBZ 89—2007）。

表 3-2 职业性慢性汞中毒诊断分级及处理原则

汞中毒分级	诊断标准	处理原则
观察对象	尿汞增高，无汞中毒临床表现者	根据具体情况可进行驱汞治疗
轻度中毒	具备下列表现之 3 项者：①脑衰弱综合征；②口腔-牙龈炎；③眼睑、舌或手指震颤；④尿汞增高	治愈后仍可从事原工作
中度中毒	具备下列表现之 2 项者：①出现精神性格改变；②粗大震颤；③明显肾脏损害	治愈后不宜再从事毒物作业
重度中毒	具备下列表现之一者：①小脑共济失调；②精神障碍	治愈后不宜再从事毒物作业

六、处理原则

1. 治疗原则　①急性中毒治疗原则：迅速脱离现场，脱去污染衣服，静卧，保暖；驱汞治疗，用二巯基丙磺酸钠或二巯基丁二酸钠治疗；对症处理与内科相同；②慢性中毒治疗原则：应调离汞作业及其他有害作业；驱汞治疗，选用富含巯基的药物，如二巯基丙磺酸钠或二巯基丁二酸钠、二巯基丁二酸治疗；对症处理和内科相同。

2. 其他处理　观察对象应加强医学监护，可进行药物驱汞；急性和慢性轻度汞中毒者治愈后可从事正常工作；急性和慢性中毒及重度汞中毒者治疗后不宜再从事接触汞及其他有害物质的作业；如需劳动能力鉴定，按 GB/T 16180 处理。

七、预防

1. 改革工艺及生产设备，控制工作场所空气汞浓度　如电解食盐工业用隔膜电解代替汞电极，用硅整流器代替汞整流器，电子仪表、气动仪表代替汞仪表。从事汞的灌注、分装应在通风柜内进行，操作台设置板孔下吸风或旁侧吸风。车间地面、墙壁、天花板、操作台等应用光滑不易吸附的材料，操作台和地面应有一定倾斜度，以便清扫与冲洗，低处应有贮水的汞吸收槽。排出的含汞空气经碘化或氯化活性炭吸附净化。

2. 加强个人防护，建立卫生操作制度接汞作业　应穿工作服，戴防毒口罩或用 2.5%~10% 碘处理过的活性炭口罩。工作服不得穿回家中，并应定期清洗。下班后、饭前要洗手、漱口，严禁在车间内进食、饮水和吸烟。

3. 职业禁忌证　患有明显口腔疾病，胃肠道和肝、肾器质性疾患，精神神经性疾病者；妊娠和哺乳期妇女。

第三节　刺激性气体中毒

一、概述

1. 概念　刺激性气体（irritant gases）是指对眼、呼吸道黏膜和皮肤具有刺激作用，引起机体以急性炎症、肺水肿为主要病理改变的一类气态物质。

2. 种类　刺激性气体种类很多，常见的有氯、氨、光气、氮氧化物、氟化氢、二氧化硫、三氧化硫等。

3. 毒理

（1）对机体损害作用的共同点是对眼、呼吸道黏膜和皮肤不同程度的炎性病理反应。

（2）以局部损害为主，在刺激作用过强时可引起喉头水肿、肺水肿以及全身反应。

（3）病变程度主要取决于吸入刺激性气体的浓度和作用时间，病变部位和临床表现与其水溶性有关。

4. 毒作用表现

（1）急性刺激

1）眼和上呼吸道刺激性炎症。

2）化学性气管、支气管炎及肺炎。

3）吸入高浓度的刺激性气体可引起喉头痉挛或水肿。喉痉挛严重者可窒息死亡。

（2）中毒性肺水肿

1）作用机制：肺水肿是肺微血管通透性增加和肺部水运行失衡的结果。其发病机制主要有：①直接损伤肺泡壁导致通透性增加；②肺泡间隔毛细血管通透性增加；③肺毛细血管渗出增加；；④肺淋巴循环受阻。

2）刺激性气体引起的肺水肿，临床过程可分为 4 期：①刺激期：吸入刺激性气体后出现一系列刺激症状，有时症状较轻或不明显。②潜伏期：刺激期后，患者的自觉症状减轻或消失，病情似已好转，但肺部潜在的病理变化仍在进展，实属"假愈期"。③肺水肿期：潜伏期后，症状突然加重，出现典型的肺水肿的表现；一般肺水肿发生后 24 小时内变化最剧烈，应高度重视，若控制不力，有可能进入急性呼吸窘迫综合征（acute respiratory distress syndrome，ARDS）期。④恢复期：如无严重并发症，处理得当，肺水肿可在 2~3 天内得到控制，症状、体征逐渐消失。X 线变化约在 1 周内大部消失。7~15 天基本恢复，多数不留后遗症。

（3）急性呼吸窘迫综合征：刺激性气体中毒、创伤、休克、烧伤、感染等心源性以外的各种肺内外致病因素所导致的急性、进行性呼吸窘迫以及缺氧性呼吸衰竭。与刺激性气体所致中毒性肺水肿之间存在着量变到质变的本质变化。

（4）慢性影响

1）慢性结膜炎、鼻炎、咽炎、支气管炎及牙齿酸蚀症。

2）急性氯气中毒后可遗留慢性喘息性支气管炎。

3）致敏作用，如甲苯二异氰酸酯等。

5. 诊断

（1）诊断原则：依据 GBZ 73，根据短期内接触较大量化学物的职业史，出现呼吸系统的临床表现，结合实验室检查和现场职业卫生学调查资料，经综合分析，排除其他病因所致类似疾病后，方可诊断。

（2）接触反应：短期内接触较大剂量化学物后出现一过性眼和上呼吸道刺激症状，肺部无阳性体征和和胸部 X 线无异常表现者。

（3）诊断及分级标准

1）轻度中毒：凡具有下列情况之一者：①急性气管 - 支气管炎；②呈哮喘样发作；③1 至 2 度喉阻塞。

2）中度中毒：凡具有下列情况之一者：①急性支气管肺炎；②急性吸入性肺炎；③急性间质性肺水肿；④3 度喉阻塞。

3）重度中毒：凡具有下列情况之一者：①肺泡性肺水肿；② ARDS；③并

发严重气胸,纵隔气肿;④4度喉阻塞和(或)窒息;⑤猝死。

6. 处理与治疗

(1)处理原则

1)现场处理:立即脱离接触,保持安静,保暖。凡接触反应者,应严密观察,对可能发病潜伏期较长者,观察期应延长,观察期避免活动,并予以对症治疗。

2)眼部受化学物污染,必须立即彻底冲洗,以免眼部发生不可逆的严重病变。皮肤污染化学灼伤者也应在现场冲洗彻底后送医院。

(2)治疗原则

1)保持呼吸道通畅:可给予雾化吸入疗法、支气管解痉剂、去泡沫剂如二甲基硅油,必要时施行气管插管或气管切开术。

2)病因治疗:如有应用特效解毒剂或血液净化疗法的指征者应及时应用。

3)合理氧疗及合理应用肾上腺糖皮质激素。

4)对症及支持治疗。

7. 预防与控制原则

严格执行安全操作规程和建立经常性的设备检查、维修制度,防止工艺流程的跑、冒、滴、漏,杜绝意外事故发生应是预防工作的重点。一般可采用下列综合措施:①卫生技术措施;②个人防护措施;③卫生保健措施;④环境监测措施。⑤应急救援措施;⑥职业安全与卫生培训教育。

二、氯气

1. 理化特性 氯(chlorine,Cl_2)为黄绿色、具有异臭和强烈刺激性的气体。比重2.488。易溶于水和碱性溶液以及二硫化碳和四氯化碳等有机溶液。遇水可生成次氯酸和盐酸,次氯酸再分解为氯化氢和新生态氧。在高热条件下与一氧化碳作用,生产毒性更大的光气。在日光下与易燃气体混合时会发生燃烧爆炸。

2. 接触机会 电解食盐;制造各种含氯化合物,如四氯化碳、漂白粉、六六六、聚氯乙烯、环氧树脂等;作为强氧化剂和漂白剂应用的行业如制药业、皮革业、造纸业、印染业以及水的消毒等。

3. 毒理 氯是一种强烈的刺激性气体,低浓度仅侵犯眼和上呼吸道,对局部黏膜有烧灼和刺激作用。高浓度或接触时间过长,可引起支气管痉挛,呼吸道深部病变甚至肺水肿。吸入极高浓度氯气(如$3000mg/m^3$)还可引起迷走神经反射性心脏停搏或喉痉挛,出现电击样死亡。

4. 临床表现

(1)急性中毒常见表现有:

1）刺激反应：出现一过性眼和上呼吸道黏膜刺激症状。

2）轻度中毒：主要表现为急性气管—支气管炎或支气管周围炎。

3）中度中毒：主要表现为支气管肺炎、间质性肺水肿或局限性肺泡性水肿或哮喘样发作。

4）重度中毒：出现弥漫性肺泡性肺水肿或中央性肺水肿；严重者出现急性呼吸窘迫综合征；吸入极高浓度氯气还可以引起声门痉挛或水肿、支气管或反射性呼吸中枢抑制而迅速窒息死亡或心脏停搏所致猝死；严重者可合并气胸或纵隔气肿等。

5）皮肤以及眼睛接触液氯或高浓度氯气可发生急性皮炎或皮肤及眼的灼伤。并发症主要有肺部感染、心肌损伤、上消化道出血及以气胸、纵隔气肿等。

（2）慢性作用：长期接触低浓度氯气可引起上呼吸道、眼结膜及皮肤刺激症状，慢性支气管炎、支气管哮喘、肺水肿等慢性非特异性呼吸系统疾病的发病率增高。患者可有乏力、头晕等神经衰弱症状和胃肠功能紊乱，皮肤可发生痤疮样皮疹和疱疹，还可引起牙齿酸蚀症。

5. 诊断

（1）诊断原则：根据短期内吸入较大量氯气后迅速发病，结合临床症状、体征、胸部 X 线表现，参考现场劳动卫生学调查结果，综合分析，排除其他原因引起的呼吸系统疾病，方可诊断。

（2）诊断及分级标准

1）轻度中毒，临床表现符合急性气管—支气管炎或支气管周围炎。

2）中度中毒，凡临床表现符合下列诊断之一者：①急性化学性支气管肺炎；②局限性肺泡性肺水肿；③间质性肺水肿；④哮喘样发作。

3）重度中毒，符合下列表现之一者：①弥漫性肺泡性肺水肿或中央性肺水肿；②急性呼吸窘迫综合征（ARDS）；③严重窒息；④出现气胸、纵隔气肿等严重并发症。

6. 处理原则

（1）现场处理：立即脱离接触，保持安静及保暖。出现刺激反应者，严密观察至少 12 小时，并以对症处理。吸入量较多者应卧床休息，以免活动后病情加重，并应用喷雾剂、吸氧；必要时静脉注射糖皮质激素，有利于控制病情进展。

（2）合理氧疗：可选择适当方法给氧，吸入氧浓度不应超过 60%，使动脉血氧分压维持在 8~10kPa。

（3）应用糖皮质激素：应早期、足量、短程使用，以防治肺水肿，并预防发生副作用。

（4）维持呼吸道通畅：可给予雾化吸入疗法、支气管解痉剂、去泡沫剂如二甲基硅油,必要时施行气管插管或气管切开术。

(5)预防发生继发性感染:中、重度者应积极防治肺部感染,合理使用抗生素。

(6)维持血压稳定,合理掌握输液及应用利尿剂,纠正酸碱和电解质紊乱,良好的护理及营养支持等。

7. 预防措施

严格遵守安全操作规程,防止设备跑、冒、滴、漏,保持管道负压;加强局部通风和密闭操作;易跑、冒氯气的岗位可设氨水储槽和喷雾器用于中和氯气;含氯废气需经石灰净化处理再排放,检修时或现场抢救时必须戴滤毒罐式或供气式防毒面具。其余预防和控制原则同概述。氯气生产环境空气中最高容许浓度为 $1mg/m^3$。

第四节　窒息性气体中毒

一、概述

1. 概念　窒息性气体(asphyxiating gases)指被机体吸入后,可使氧的供给、摄取、运输和利用发生障碍,使全身组织细胞得不到或不能利用氧,而导致组织细胞缺氧窒息的一类有害气体的总称。

窒息性气体中毒表现为多系统受损害,但首先是神经系统受损并最为突出。

常见的窒息性气体有:一氧化碳(CO)、硫化氢(H_2S)、氰化氢(HCN)和甲烷(CH_4)。

2. 分类　窒息性气体按其作用机制不同分为两大类:

(1)单纯窒息性气体:其本身无毒或毒性很低,或属惰性气体,但由于它们的存在可使空气中氧的比例和含量降低,相应地进入呼吸道、血液和组织细胞的氧含量也降低,导致机体缺氧、窒息的气体。如氮气、氢、甲烷、乙烷、二氧化碳、水蒸气以及氦、氖、氩等惰性气体。

(2)化学窒息性气体:指进入计提后能对血液或组织产生特殊的化学作用,使血液对氧的运送、释放或组织利用氧的能力发生障碍,引起组织缺氧或细胞内窒息的气体。如一氧化碳、氰化物和硫化氢等。

根据毒作用环节不同,化学窒息性气体又分为以下两类。

1)血液窒息性气体:阻止血红蛋白(Hb)与氧结合或妨碍 Hb 向组织释放氧,影响血液运输氧气的能力,造成组织供氧障碍而窒息的气体。如一氧化碳、一氧化氮,以及苯胺、硝基苯等苯的氨基、硝基化合物蒸气等。

2）细胞窒息性气体：主要是抑制细胞内呼吸酶活性，阻碍细胞对氧的摄取和利用，发生细胞"内窒息"的气体。如硫化氢、氰化氢等。

3. 毒作用特点

（1）不同种类的窒息性气体致病机制不同，但窒息性气体的主要致病环节均是通过破坏机体对氧利用过程的某一环节引起机体组织细胞缺氧。

（2）脑对缺氧极为敏感：轻度缺氧即可引起智力下降、注意力不集中、定向能力障碍等；缺氧较重时出现头痛、耳鸣、恶心、呕吐、乏力、嗜睡，甚至昏迷；进一步发展可出现脑水肿。

（3）不同的窒息性气体中毒机制不同，对其治疗须按中毒机制和条件选用特效解毒剂。

（4）慢性中毒尚无定论。

4. 毒作用表现

（1）缺氧症状：缺氧是窒息性气体的共同致病环节，是窒息性气体中毒的共同表现。但不同种类的窒息性气体，因其独特毒性的干扰或掩盖，缺氧的临床表现并非完全相同。

（2）脑水肿：主要是颅压增高的表现，但早期颅内压增高往往不明显。

（3）其他：中毒性肺水肿、缺氧性心肌损害等。

（4）实验室检查：急性一氧化碳中毒，可定性、定量测定血中 HbCO 水平；急性氰化物中毒，可测定尿中硫氰酸盐含量；急性硫化氢中毒，可测定尿硫酸盐含量或检查血液中硫化血红蛋白。

5. 治疗

（1）治疗原则：窒息性气体中毒病情危急，应分秒必争进行抢救。进行有效的解毒剂治疗，及时纠正脑缺氧和积极防治脑水肿，是治疗窒息性气体中毒的关键。

（2）治疗措施

1）现场急救：迅速阻止毒物继续吸收，尽快解除体内毒物毒性。

2）氧疗法：是急性窒息性气体中毒急救的主要常规措施之一。

3）尽快给予解毒剂：根据不同中毒机制采用对应的特效解毒剂。

4）积极防治脑水肿。

5）支持对症治疗。

6. 预防措施　发生窒息性气体中毒事故的主要原因是：设备缺陷和使用中发生跑、冒、滴、漏；缺乏安全作业规程或违章操作。预防窒息性气体中毒的重点在于：

（1）严格管理制度，制订并严格执行安全操作规程。

（2）定期设备检修，防止跑、冒、滴、漏。

（3）窒息性气体环境设置警示标识，装置自动报警设备，如一氧化碳报警器等。

（4）加强卫生宣教，做好上岗前安全与健康教育，普及急救互救知识和技能训练。

（5）添置有效防护面具，并定期维修与效果检测。

（6）高浓度或通风不良的窒息性气体环境作业或抢救，应先进行有效的通风换气，通风量不少于环境容量的3倍，佩戴防护面具，并设置专人接应保护。

二、一氧化碳

1. 理化特性　一氧化碳（carbon monoxide，CO）为无色、无味、无臭、无刺激性的气体。比重0.967。几乎不溶于水，易溶于氨水。易燃易爆，在空气中爆炸极限为12.5%~74%。不易为活性炭吸附。

2. 接触机会　含碳物质的不完全燃烧过程均可产生一氧化碳，接触CO的作业存在于70余种工业中，主要有：

（1）冶金工业中的炼焦、炼钢、炼铁。

（2）机械制造工业中的铸造、锻造。

（3）采矿爆破作业。

（4）化学工业中用一氧化碳作为原料制造光气、甲醇、甲醛、甲酸、丙酮、合成氨。

（5）耐火材料、玻璃、陶瓷、建筑材料等工业使用的窑炉、煤气发生炉等。

3. 毒理　CO经呼吸道进入血液循环，主要与血红蛋白（Hb）结合，形成碳氧血红蛋白（HbCO），使之失去携氧功能。CO与血红蛋白的亲和力比氧与血红蛋白的亲和力大240倍，而HbCO的解离速度比氧合血红蛋白（HbO_2）的解离速度慢3600倍，故Hb不仅本身无携带氧的功能，而且还影响（HbO_2）的解离，阻碍氧的释放。由于组织受到双重缺氧作用，导致低氧血症，引起组织缺氧。CO还可与肌红蛋白结合形成碳氧肌红蛋白，从而影响氧从毛细血管向细胞线粒体弥散，损害线粒体功能。另外CO还可与线粒体细胞色素氧化酶可逆性结合，阻断电子传递链，抑制组织呼吸，导致细胞内窒息。CO还可与一氧化氮合酶（NOS）、鸟苷酸环化酶等结合，干扰有关酶的活性。

4. 临床表现

（1）急性一氧化碳中毒：是吸入较高浓度CO后引起的急性脑缺氧性疾病，起病急骤、潜伏期短，主要表现为急性脑缺氧引起的中枢神经损害。少数患者可有迟发性神经精神症状，部分患者也可有其他脏器的缺氧性改变。中毒程度与血中HbCO浓度有关。

1)轻度中毒:以脑缺氧反应为主要表现。出现剧烈的头痛、头昏、四肢无力、恶心、呕吐等症状,可有轻度至中度意识障碍,但无昏迷。血液 HbCO 浓度可高于10%。经治疗,症状可迅速消失。

2)中度中毒:除有上述症状外,皮肤、黏膜呈樱桃红色,意识障碍加重,表现为浅至中度昏迷,对疼痛刺激有反应,瞳孔对光反射和角膜反射迟钝,血液 HbCO 浓度可高于30%。经抢救可较快清醒,恢复后一般无并发症和后遗症。

3)重度中毒:上述症状进一步加重,因脑水肿而迅速进入深昏迷或去大脑皮层状态,昏迷可持续十几个小时,甚至几天;肤色因末梢循环不良而呈灰白或青紫色;呼吸、脉搏由弱、快变为慢而不规则,甚至停止,心音弱而低钝,血压下降;瞳孔缩小,瞳孔对光反射等各种反射迟钝或消失,可出现病理反射;初期肌张力增高、牙关紧闭、可出现阵发性抽搐或强直性全身痉挛,晚期肌张力显著降低,瞳孔散大,大小便失禁,可因呼吸麻痹而死亡。经抢救存活者可并发脑水肿、休克或严重的心肌损害、肺水肿、呼吸衰竭上消化道出血、锥体系或锥体外系损害等脑局灶损害症状。血液 HbCO 浓度可高于50%。

(2)急性 CO 中毒迟发脑病(神经精神后发症):是指少数急性 CO 中毒意识障碍恢复后,经过 2~60 天的"假愈期",又出现严重的神经精神和意识障碍症状。包括:痴呆、谵妄或去大脑皮层状态;锥体外系神经障碍,出现帕金森综合征表现;锥体系损害,出现偏瘫、病理反射阳性或大小便失禁等;大脑皮层局灶性功能障碍如失语、失明等或出现继发性癫痫。重者生活不能自理甚至死亡。头颅 CT 检查可见脑部病理性密度减低区;脑电图可见中、高度异常。约 10% 的患者可发生此病,部分患者经治疗后恢复,有些则留下严重后遗症。

5.诊断

(1)诊断原则:依据职业性急性一氧化碳中毒诊断标准(GBZ 23—2002),根据吸入较高浓度 CO 的接触史和急性发生的中枢神经损害的症状和体征,结合血中碳氧血红蛋白(HbCO)及时测定的结果,现场卫生学调查及空气中 CO 浓度测定资料,并排除其他病因后,可诊断为急性一氧化碳中毒。

(2)接触反应:出现头痛、头昏、心悸、恶心等症状,吸入新鲜空气后症状可消失。

(3)诊断及分级标准:急性一氧化碳中毒以急性脑缺氧引起的中枢神经损害为主要临床表现,故不同程度的意识障碍是临床诊断和分级的重要依据。

1)轻度中毒:具有以下任何一项表现者:①出现剧烈的头痛、头昏、四肢无力、恶心、呕吐;②轻度至中度意识障碍,但无昏迷者。

血液碳氧血红蛋白浓度可高于10%。

2)中度中毒:除有上述症状外,意识障碍表现为浅至中度昏迷,经抢救后恢复且无明显并发症者。

血液碳氧血红蛋白浓度可高于30%。

3）重度中毒：具备以下任何一项者：①意识障碍程度达深昏迷或去大脑皮层状态；②患者有意识障碍且并发有下列任何一项表现者：A.脑水肿；B.休克或严重的心肌损害；C.肺水肿；D.呼吸衰竭；E.上消化道出血；F.脑局灶损害如锥体系或锥体外系损害体征。

血液碳氧血红蛋白浓度可高于50%。

4）急性一氧化碳中毒迟发脑病（神经精神后发症）：急性一氧化碳中毒意识障碍恢复后，经约2~60天的"假愈期"，又出现下列临床表现之一者：①精神及意识障碍呈痴呆状态，谵妄状态或去大脑皮层状态；②锥体外系神经障碍出现帕金森综合征的表现；③锥体系神经损害（如偏瘫、病理反射阳性或小便失禁等）；④大脑皮层局灶性功能障碍如失语、失明等，或出现继发性癫痫。

头部CT检查可发现脑部有病理性密度减低区；脑电图检查可发现中度及高度异常。

6. 处理原则

（1）治疗原则

1）迅速将患者移离中毒现场至通风处，松开衣领，注意保暖，保持安静，必要时吸氧，密切观察意识状态。

2）及时进行急救与治疗：①轻度中毒者，可给予氧气吸入及对症治疗。②中度及重度中毒者应积极给予常压口罩吸氧治疗，有条件时应给予高压氧治疗。重度中毒者视病情应给予消除脑水肿、促进脑血液循环，维持呼吸循环功能及镇痉等对症及支持治疗。加强护理、积极防治并发症及预防迟发脑病。③对迟发脑病者，可给予高压氧、糖皮质激素、血管扩张剂或抗帕金森病药物与其他对症与支持治疗。

（2）其他处理

1）轻度中毒者经治愈后仍可从事原工作。

2）中度中毒者经治疗恢复后，应暂时脱离一氧化碳作业并定期复查，观察2个月如无迟发脑病出现，仍可从事原工作。

3）重度中毒及出现迟发脑病者，虽经治疗恢复，皆应调离一氧化碳作业。

4）因重度中毒或迟发脑病治疗半年仍遗留恢复不全的器质性神经损害时，应永远调离接触一氧化碳及其他神经毒物的作业。视病情安排治疗和休息。

7. 预防措施　认真执行安全生产制度和操作规程。加强对空气中CO的监测，设立CO报警器；经常检修煤气发生炉和管道等设备，防止管道漏气。

对可能产生 CO 的生产场所，应加强通风；加强个体防护，进入高浓度 CO 的环境工作时，要佩戴特制的 CO 防毒面具，两人同时工作，以便监护和互助。加强预防一氧化碳中毒的卫生宣教，普及自救、互救知识。

三、硫化氢

1. 理化特性　硫化氢（hydrogen sulfide，H_2S）为易燃、无色气体，具有腐败臭鸡蛋味。蒸气比重 1.19，易积聚在低洼处。易溶于水、乙醇、汽油、煤油和原油等。呈酸性反应，能与大部分金属反应形成黑色硫酸盐。

2. 接触机会　硫化氢一般为工业生产过程中产生的废气，或是某些化学反应产物，或以杂质形式存在，或由蛋白质自然分解或其他有机物腐败产生，很少直接应用。

（1）在石油天然气开采业、石油加工业、煤化工业、造纸及纸制品业、煤矿采选业、化学肥料制造业、有色金属采选业、有机化工原料制造业、皮革、皮毛及其制品业均可有硫化氢的产生。

（2）有机物腐败时也能产生硫化氢，如在疏通阴沟、下水道、沟渠，开挖和整治沼泽地以及清除垃圾、污物、粪便等作业均可接触到硫化氢。

3. 毒理　H_2S 主要经呼吸道进入，皮肤也可吸收很少一部分。入血后可与血红蛋白结合为硫血红蛋白。体内的 H_2S 代谢迅速，大部分被氧化为无毒的硫酸盐和硫代硫酸盐，随尿排出，小部分以原形态随呼气排出，无蓄积作用。

体内的 H_2S 如未及时被氧化解毒，能与氧化型细胞色素氧化酶中的二硫键或与三价铁结合，使之失去传递电子的能力，造成组织细胞"内窒息"，尤以神经系统为敏感。H_2S 还能使脑和肝中的三磷酸腺苷酶活性降低，结果造成细胞缺氧窒息，并明显影响脑细胞功能。高浓度 H_2S 可作用于颈动脉窦及主动脉的化学感受器，引起反射性呼吸抑制，且可直接作用于延髓的呼吸及血管运动中枢，使呼吸麻痹，造成"电击样"的死亡。

4. 临床表现

（1）急性中毒：H_2S 具有刺激作用、窒息作用和神经毒作用，按病情发展程度可分级如下：

1）轻度中毒：眼胀痛、异物感、畏光、流泪，鼻咽部干燥、灼热感，咳嗽、咳痰、胸闷，头痛、头晕、乏力、恶心、呕吐等症状，可有轻至中度意识障碍。检查可见眼结膜充血、水肿，肺部呼吸音粗糙，可闻及散在干、湿啰音。X 线胸片显示肺纹理增强。

2）中度中毒：立即出现明显的头痛、头晕、乏力、恶心、呕吐、共济失调等症状，意识障碍明显，表现为浅至中度昏迷。同时有明显的眼和呼吸道黏膜刺激症状，出现咳嗽、胸闷、痰中带血、轻度发绀和视物模糊、结膜充血、水肿、角膜糜烂、溃疡等。肺部可闻及较多干、湿啰音，X线胸片显示两肺纹理模糊，肺野透亮度降低或有片状密度增高阴影。心电图显示心肌损害。经抢救多数短时间内意识可恢复正常。

3）重度中毒：见于吸入高浓度 H_2S 后，迅速出现头晕、心悸、呼吸困难、行动迟钝等明显的中枢神经系统症状，继而呕吐、腹泻、腹痛、烦躁和抽搐，意识障碍达深昏迷或呈植物状态，可并发化学性肺水肿、休克等心、肝、肾多脏器衰竭，最后可因呼吸麻痹而死亡。接触极高浓度 H_2S，可在数秒内突然倒下，呼吸停止，发生所谓的"电击样"死亡。

（2）慢性危害：长期接触低浓度 H_2S 可引起眼及呼吸道慢性炎症，如慢性结膜炎、角膜炎、鼻炎、咽炎、气管炎和嗅觉减退，甚至角膜糜烂或点状角膜炎等。全身症状可有类神经征、自主神经功能紊乱，如头痛、头晕、乏力、睡眠障碍、记忆力减退和多汗、皮肤划痕症阳性等表现，也可损害周围神经。

5. 诊断

（1）诊断原则：依据职业性急性硫化氢中毒诊断标准（GBZ 31—2002），根据短期内吸入较大量 H_2S 的职业接触史，出现中枢神经系统和呼吸系统损害为主的临床表现，参考现场职业卫生学调查，综合分析，并排除其他类似表现的疾病，方可诊断。

（2）接触反应：接触 H_2S 后出现眼刺痛、畏光、流泪、结膜充血、咽部灼热感、咳嗽等眼和上呼吸道刺激表现，或有头痛、头晕、乏力、恶心等神经系统症状，脱离接触后在短时间内消失者。

（3）诊断及分级标准

1）轻度中毒：具有下列情况之一者：①明显的头痛、头晕、乏力等症状并出现轻度至中度意识障碍；②急性气管 - 支气管炎或支气管周围炎。

2）中度中毒：具有下列情况之一者：①意识障碍表现为浅至中度昏迷；②急性支气管肺炎。

3）重度中毒：具有下列情况之一者：①意识障碍程度达深昏迷或呈植物状态；②肺水肿；③猝死；④多脏器衰竭。

6. 处理原则

（1）治疗原则

1）迅速脱离，吸氧、保持安静、卧床休息，严密观察，注意病情变化。

2）抢救、治疗原则以对症及支持疗法为主，积极防治脑水肿、肺水肿，早期、足量、短程使用肾上腺糖皮质激素。对中、重度中毒，有条件者应尽快安排高压氧治疗。

3）对呼吸、心脏停搏者，立即进行心肺复苏，待呼吸、心跳恢复后，有条件者尽快高压氧治疗，并积极对症、支持治疗。

（2）其他处理：急性轻、中度中毒者痊愈后可恢复原工作，重度中毒者经治疗恢复后应调离原工作岗位。需要进行劳动能力鉴定者按 GB/T 16180 处理。

7. 预防措施　加强安全管理，制订并严格遵守安全操作规程和各项安全生产制度，杜绝意外事故发生。定期检修生产设备，防止跑、冒、滴、漏。生产过程应注意设备的密闭和通风，做好作业环境监测，设置毒物超标自动报警器和警示标识。凡进入存在 H_2S 的工作场所，应事先充分通风排毒，携带个人防护用品及便携式 H_2S 检测报警仪。在事故抢险或故障抢修进入高浓度场所时，应佩戴好防毒面具，并应有专人在外监护。加强 H_2S 中毒预防、自救、互救相关知识的教育和技能培训，增强自我保护意识。做好职业健康监护工作，排除职业禁忌证。认真执行职业接触限值的规定。

四、氰化氢

1. 理化特性　氰化氢（hydrogen cyanide，HCN）常温常压下为无色气体或液体，有苦杏仁的特殊气味。蒸气比重 0.94，易溶于水、乙醇和乙醚，其水溶液为氢氰酸。氰化氢在空气中可燃烧，含量达 5.6%~12.8%（V/V）时具有爆炸性。

2. 接触机会　氰化物种类很多，包括无机氰酸盐类和有机氰类化合物。在化学反应过程中，尤其在高温或与酸性物质作用时，能放出氰化氢气体。常见接触作业有：

（1）电镀、采矿冶金工业：如铜镀、镀金、镀银，氰化法富集金、银等贵重金属提取，钢的淬火，金属表面渗碳。

（2）含氰化合物的生产：如氢氰酸生产，制造其他氰化物、药物、合成纤维、塑料、橡胶、有机玻璃、油漆等。

（3）化学工业中制造各种树脂单体，如丙烯酸酯、甲基丙烯酸酯、乙二胺、丙烯腈及其他腈类的原料。

（4）摄影：摄影加工废液中含有铁氰化物。

（5）农业：如熏蒸灭虫剂、灭鼠剂等。

（6）军事：用作战争毒剂。

3. 毒理　氰化氢主要经呼吸道进入人体，高浓度蒸汽和氢氰酸液体可直接经皮肤吸收。进入体内的氰化氢，部分以原形经呼吸道随呼气排出，大部分在硫氰酸酶的作用下，与胱氨酸、半胱氨酸、谷胱甘肽等巯基化合物结合，转化为无毒的硫氰酸盐，最后随尿排出。

氰化氢以及其他氰化物的毒性主要是在体内解离出的氰离子（CN^-）所引起：

（1）CN^- 可抑制 40 余种酶的活性，其中以细胞色素氧化酶最为敏感，与细胞呼吸酶的亲和力最大，能迅速与细胞色素酶的 Fe^{3+} 结合，使细胞色素失去传递电子的能力，呼吸链中断，组织不能摄取和利用氧，引起"细胞内窒息"。此时，血液为氧所饱和，但不能被组织利用。因此氰化物中毒时，皮肤、黏膜呈樱桃红色。

（2）CN^- 能与血液中约 2% 正常存在的高铁蛋白相结合，血液中的高铁血红蛋白增加，对细胞色素可起到保护作用。

（3）CN^- 还可夺取某些酶中的金属，或与酶的辅基和底物中的羰基结合，使二硫键断裂，从而抑制多种酶的活性，也可导致组织细胞缺氧窒息。

4. 临床表现　氰化物对人体的危害分为急性中毒和慢性中毒两方面。

（1）急性中毒

1）接触反应：接触后出现头痛、头昏、乏力、流泪、流涕、咽干、喉痒等表现，脱离接触后短时间内恢复。

2）轻度中毒：眼及上呼吸道黏膜刺激症状，乏力、头痛、头昏，口唇及咽部麻木，皮肤和黏膜红润，并可出现恶心、呕吐、震颤等。经治疗，2~3天可恢复。

3）严重中毒：患者先出现轻度中毒症状，由于缺氧加重，继而出现意识丧失，呼吸极度困难，瞳孔散大，出现惊厥；皮肤和黏膜呈鲜红色，逐渐转为发绀，最后由于呼吸中枢麻痹和心脏停搏而死亡。临床经过可分为前驱期、呼吸困难期、痉挛期、麻痹期4期。

氰化氢属剧毒类，在短时间内如高浓度吸入，可无任何先兆症状而突然昏倒，呼吸骤然停止而致"电击样"死亡。

（2）慢性中毒：长期吸入较低浓度的氰化氢的作业者可出现眼和上呼吸道刺激症状，如眼结膜炎、上呼吸道炎、嗅觉及味觉异常。还可见神经衰弱综合征，表现为如头晕、头痛、乏力、胸部压迫感、腹痛、肌肉疼痛等，甚至强直发僵、活动受限。皮肤长期接触后可引起皮炎，表现为斑疹、丘疹，极痒。

5. 诊断　根据短时间内接触较大量氰化物的职业史，以中枢神经系统损害为主的临床表现，结合现场职业卫生学调查和实验室检测指标，综合分析，并排除其他病因所致类似疾病，方可诊断。诊断标准参见《职业性急性氰化物中毒诊断标准》（GBZ 209—2008）。

6. 处理原则

（1）治疗原则：迅速脱离现场，清洗污染皮肤、更换污染衣物；口服中毒者立即洗胃，并灌服活性炭；严密观察，注意病情变化。

迅速给予解毒治疗，轻度中毒者可静脉注射硫代硫酸钠溶液或使用亚硝酸盐 - 硫代硫酸钠疗法，重度中毒者立即使用亚硝酸盐 - 硫代硫酸钠疗法，并可根据病情重复应用硫代硫酸钠。

给氧，可采用吸入纯氧（100%O_2）或高压氧治疗。积极防治脑水肿、肺水肿,如早期足量应用糖皮质激素、抗氧化剂及脱水剂、利尿剂等。积极给予其他对症及支持治疗,纠正酸中毒,维持水、电解质平衡及微循环稳定。对呼吸或心脏停搏者,立即进行心、肺、脑复苏术。

(2)轻度中毒患者治愈后可恢复原工作;重度中毒患者,应调离原作业,需要进行劳动能力鉴定者,按 GB/T 16180 处理。

7. 预防措施 改革生产工艺,以无毒代有毒。革新生产设备,实行密闭化、机械化、自动化生产,保持负压状态,杜绝跑、冒、滴、漏。严格规章制度,强化监督管理,严格遵守安全操作流程。加强密闭通风排毒加净化,控制车间空气中氰化氢浓度不超过国家卫生标准,安装毒物超标自动报警系统。含氰废气、废水应经处理后方可排放。加强个人防护,进入有毒场所处理事故及现场抢救时,应有切实可行的防护装备,如戴防毒面具、送风面罩等。加强防毒知识的宣传、加强对有关人员的岗前及定期培训,普及防毒知识和急救知识。严格施行职业健康监护,禁止硫代硫酸钠过敏者、严重甲状腺、肾脏等慢性疾病及精神抑郁者从事氰化氢及氢氰酸作业。

第五节 苯 中 毒

一、理化特性

苯(C_6H_6, benzene)是最简单的芳香族有机化合物,在常温下为带特殊芳香味的无色液体,分子量78,沸点80.1℃,极易挥发,蒸气比重为2.77。燃点为562.22℃,爆炸极限为1.4%~8%。易着火。微溶于水,易与乙醇、氯仿、乙醚、汽油、丙酮、二硫化碳等有机溶剂互溶。

二、暴露机会

苯在工农业生产中被广泛使用:①作为有机化学合成中常用的原料,如制造苯乙烯、苯酚、药物、农药,合成橡胶、塑料、洗涤剂、染料,炸药等;②作为溶剂、萃取剂和稀释剂,用于生药的浸渍、提取、重结晶,以及油墨、树脂、人造革、黏胶和油漆等制造;③苯的制造,如焦炉气、煤焦油的分馏、石油的裂化重整与乙炔合成苯;④用作燃料,如工业汽油中苯的含量可高达10%以上。

三、毒理特点

1. 吸收、分布和代谢 苯在生产环境中以蒸气形式由呼吸道进入人体,皮肤吸收很少,经消化道吸收完全,但实际意义不大。苯进人体内后,主要分布在含类脂质较多的组织和器官中。一次大量吸入高浓度的苯,大脑、肾上腺与血液中的含量最高；中等量或少量长期吸入时，骨髓、脂肪和脑组织中含量较多。进入体内的苯，约有 50% 以原形由呼吸道排出，约 10% 以原形贮存于体内各组织，40% 左右在肝脏代谢。代谢过程比较复杂，主要是肝微粒体上的细胞色素 P450 参与代谢生成酚类，酚类代谢产物可与硫酸盐或葡萄糖醛酸结合后自肾脏排出，故接触苯后，尿酚排出量增加。

2. 毒作用机制　苯属于中等毒性，急性毒作用主要对中枢神经系统，以麻醉作用为主，慢性毒作用还涉及骨髓毒性和致白血病作用。苯的毒作用机制仍未完全阐明。

四、临床特点

急性苯中毒主要损伤中枢神经系统，主要表现为中枢神经系统的麻醉作用。

慢性苯中毒主要损害造血系统。苯可引起各种类型的白血病，苯与急性髓性白血病密切相关。

1. 急性中毒　急性苯中毒是由于短时间吸入大量苯蒸气引起。主要表现为中枢神经系统的麻醉作用。轻者出现兴奋、欣快感、步态不稳，以及头晕、头痛、恶心、呕吐、轻度意识模糊等。重者神志模糊加重，由浅昏迷进入深昏迷状态或出现抽搐。严重者导致呼吸，心跳停止。实验室检查可发现尿酚和血苯增高。

2. 慢性中毒　长期接触低浓度苯可引起慢性中毒，其主要临床表现如下：

（1）神经系统：多数患者表现为头痛、头昏、失眠、记忆力减退等类神经症，有的伴有自主神经系统功能紊乱，如心动过速或过缓，皮肤划痕反应阳性，个别病例有肢端麻木和痛觉减退表现。

（2）造血系统：慢性苯中毒主要损害造血系统。

出血：齿龈、鼻腔、黏膜与皮下常见出血，眼底检查可见视网膜出血。

血象异常：最早和最常见的血象异常表现是持续性白细胞计数减少，主要是中性粒细胞减少，淋巴细胞相对值可增加。白细胞有较多的毒性颗粒、空泡、破碎细胞等。电镜检查可见血小板形态异常。中度中毒者可见红细胞计数偏低或减少，重度中毒者红细胞计数、血红蛋白、白细胞（主要是中性粒细胞）、血小板、网织细胞都明显减少，淋巴细胞百分比相对增高。

骨髓异常：严重中毒者骨髓造血系统明显受损，甚至出现再生障碍性贫血，骨髓增生异常综合征，少数可转化为白血病。

慢性苯中毒的骨髓象主要表现为：①不同程度的生成降低，前期细胞明显减少；轻者限于粒细胞系列，较重者涉及巨核细胞，重者 3 个系列都减低，骨髓有核细胞计数明显减少,呈再生障碍性贫血表现;②形态异常,粒细胞见到毒性颗粒、空泡、核质疏松、核浆发育不平衡,中性粒细胞分叶过多、破碎细胞较多等;红细胞有嗜碱性颗粒、嗜碱红细胞、核浆疏松、核浆发育不平衡等;巨核细胞减少或消失,成堆血小板稀少;③分叶中性粒细胞由正常的 10% 增加到 20%~30%,结合外周血液中性粒细胞减少,表明骨的释放功能障碍。此外,约有 15% 的中毒患者,一次骨髓检查呈不同程度的局灶性增生活跃。

苯可引起各种类型的白血病,白血病以急性粒细胞白血病(急性髓性白血病)为多,其次为红白血病、急性淋巴细胞白血病和单核细胞性白血病,慢性粒细胞白血病则很少见。国际癌症研究中心(IARC)已确认苯为人类致癌物。

(3)其他:经常接触苯,皮肤可脱脂,变干燥、脱屑以至皲裂,有的出现过敏性湿疹、脱脂性皮炎。苯还可损害生殖系统,苯接触女工月经血量增多、经期延长,自然流产胎儿畸形率增高;苯对免疫系统也有影响,接触苯的工人血 IgG、IgA 明显降低,而 IgM 增高。此外,职业性苯接触工人染色体畸变率可明显增高。

五、诊断

急性苯中毒的诊断是根据短期内吸入大量高浓度苯蒸气,临床表现有意识障碍,并排除其他疾病引起的中枢神经功能改变,方可诊断急性苯中毒;又按意识障碍程度,分为轻度和重度两级。

慢性苯中毒的诊断是根据较长时期密切接触苯的职业史,临床表现主要有造血抑制,亦可有增生异常,参考作业环境调查及现场空气中苯浓度测定资料,进行综合分析,并排除其他原因引起的血象改变,方可诊断为慢性苯中毒;慢性苯中毒按血细胞受累及的系列和程度,以及有无恶变分为轻、中、重3 级。国家诊断标准为(GBZ 68—2013)。

1. 急性苯中毒

(1)轻度中毒:短期内吸入大量苯蒸气后出现头晕、头痛、恶心、呕吐、黏膜刺激症状,伴有轻度意识障碍。呼气苯、血苯、尿酚测定值增高可作为苯接触指标。

(2)重度中毒:吸入大量苯蒸气后出现下列临床表现之一者:

1)中、重度意识障碍(谵妄、昏迷、植物状态);

2)呼吸循环衰竭;

3)猝死。

2. 慢性苯中毒

(1)轻度中毒:有较长时间密切接触苯的作业史,可伴有头晕、头痛、乏力、失眠、记忆力减退、易感染等症状。在 3 个月内每 2 周复查一次血常规,具备下列条件之一者:①白细胞计数大多低于 $4 \times 10^9/L$ 或中性粒细胞低于 $2 \times 10^9/L$;②血小板计数大多低于 $80 \times 10^9/L$。

(2)中度中毒:多有慢性轻度中毒症状,并有易感染和(或)出血倾向。具备下列条件之一者:①白细胞计数低于 $4 \times 10^9/L$ 或中性粒细胞低于 $2 \times 10^9/L$($2000/mm^3$),伴血小板计数低于 $80 \times 10^9/L$;②白细胞计数低于 $3 \times 10^9/L$ 或中性粒细胞低于 $1.5 \times 10^9/L$。

(3)重度中毒:在慢性中度中毒的基础上,具备下列表现之一者:①全血细胞减少症;②再生障碍性贫血;③骨髓增生异常综合征;④白血病。

六、处理原则

1. 急性中毒　应迅速将中毒患者移至空气新鲜处,立即脱去被苯污染的衣服,用肥皂水清洗被污染的皮肤,注意保暖。急性期应卧床休息。急救原则与内科相同,可用葡萄糖醛酸,忌用肾上腺素。病情恢复后,轻度中毒一般休息 3~7 天即可工作,重度中毒原则上调离原工作。

2. 慢性中毒　无特效解毒药,治疗根据造血系统损害所致血液疾病对症处理。可用有助于造血功能恢复的药物,并给予对症治疗。再生障碍性贫血或白血病的治疗原则同内科。工人一经确定诊断,即应调离接触苯及其他有毒物质的工作。在患病期间应按病情分别安排工作或休息。一经诊断,即应调离苯及其他有毒物质作业的工作。

七、预防

由于苯是肯定的人类致癌物,发达国家在苯的应用方面均予以严格管理,以做到原生级预防。制造苯和苯用作化学合成原料均控制在大型企业,避免苯外流到中小企业,以限制作为溶剂和稀释剂的使用,如日本限制苯作为溶剂的用量为 2%。近年,我国对苯的危害已高度重视,已逐步采取措施进行原生级预防,此外,还应加强:

1. 生产工艺改革和通风排毒　生产过程密闭化、自动化和程序化;安装有充分效果的局部抽风排毒设备,定期维修,使空气中苯的浓度保持低于国家卫生标准(TWA: $6mg/m^3$;PC-STEL: $10mg/m^3$)。

2. 以无毒或低毒的物质取代苯　如在油漆及制鞋工业中,以汽油、二乙醇缩甲醛、环己烷、甲苯、二甲苯等作为稀薄剂或胶黏剂;以乙醇等作为有机溶剂或萃取剂。

3. 卫生保健措施　对苯作业现场进行定期劳动卫生学调查,监测空气中苯的浓度。作业工人应加强个人防护,如戴防苯口罩或使用送风式面罩。进行周密的就业前和定期体检。女工怀孕期及哺乳期必须调离苯作业,以免对胎儿产生不良影响。

4. 职业禁忌证　包括：血常规检出异常者；造血系统疾病如各种类型的贫血、白细胞减少症和粒细胞缺乏症、血红蛋白病、血液肿瘤以及凝血障碍疾病等；脾功能亢进。

第六节　有机磷农药中毒

有机磷酸酯类农药(organophosphorus pesticides)是我国目前生产和使用最多的一类农药，除单剂外，也是许多多元混剂的一个成分。我国生产的有机磷农药绝大多数是杀虫剂，在农药的职业健康危害中占重要地位。有机磷农药的品种较多，除作杀虫剂外，少数品种还用于杀菌剂、杀鼠剂、除草剂和植物生长调节剂，个别还可以用做战争毒剂。

一、理化特性

有机磷农药的基本化学结构如下：

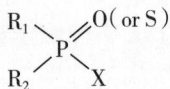

$$R_1 \quad \diagdown \quad \diagup \quad O(\text{or S})$$
$$P$$
$$R_2 \quad \diagup \quad \diagdown \quad X$$

粗略地可分为 $P=O$, $P=S$ 两大类。而根据 X 的结构特征，有机磷化合物主要由以下 4 类构成，即：①X 含有一个四价 N；②X 为 F；③X 为 CN、OCN 或 SCN；④X 为其他组分。通常，有机磷农药分为磷酸酯类、硫代磷酸酯类、磷酰胺及硫代磷酰胺、焦磷酸酯、硫代焦磷酸酯和焦磷酰胺类等。

1. 磷酸酯类　磷酸是一个三元酸，即其中有 3 个可被置换的氢原子，这些氢原子被有机基团置换而形成磷酸酯，如敌敌畏、敌百虫、磷胺(已禁止)、百治磷等。

2. 硫代磷酸酯类　磷酸分子中的氧原子被硫原子置换，即称为硫代磷酸酯，常见的有杀螟松、内吸磷、辛硫磷、二嗪农、稻瘟净等硫代磷酸酯类，以及乐果、马拉硫磷、甲拌磷等二硫代磷酸酯类。

3. 磷酰胺及硫代磷酰胺类　磷酸分子中一个羟基被氨基取代后称磷酰胺，剩下的氧原子取代叫硫代磷酰胺。国内有甲胺磷及乙酰甲胺磷等少数品种。

4. 焦磷酸酯、硫代焦磷酸酯和焦磷酰胺　两个磷酸分子脱去一分子水即形成焦磷酸，焦磷酸中的氢、氧和羟基可以分别由有机基、硫原子和氨基取代。国内现有治螟磷、双硫磷等。

有机磷农药纯品一般为白色结晶,工业品为淡黄色或棕色油状液体,除敌敌畏等少数有不太难闻的气味外,大多有类似大蒜或韭菜的特殊臭味。有机磷农药的沸点除少数例外,一般都很高。比重多大于1,比水稍重。常具有较高的折光率。在常温下,有机磷农药的气压力都很低,但无论液体或固体,在任何温度下都有蒸气逸出,也会造成中毒。一般难溶于水,易溶于芳烃、乙醇、丙酮、氯仿等有机溶剂,而石油醚和脂肪烃类则较难溶。

大部分有机磷农药是一些磷酸酯或酰胺,容易在水中发生水解而分解为无毒化合物,但磷酰胺类有机磷则水解较难,敌百虫在碱性条件下可变成敌敌畏。很多有机磷农药在氧化剂作用或生物酶催化作用下容易被氧化。有机磷农药一般均不耐热,其化学结构不稳定,在加热到200℃即发生分解,甚至爆炸。

二、毒理

有机磷可经胃肠道、呼吸道以及完好的皮肤与黏膜吸收。经呼吸道或胃肠道进入人体时,吸收较为迅速而完全。皮肤吸收是急性职业性中毒的主要途径。各种有机磷农药的毒性高低不一,与其化学结构中取代基团有关。例如:结构式中 R 基团为乙氧基时,其毒性较甲氧基大,因为后者容易分解;X 基团为强酸根时,毒性较弱酸根大,因为前者能使磷原子的趋电性增强,从而使该化合物对胆碱酯酶亲和力增高。

有机磷被吸收后,迅速随血液和淋巴循环而分布到全身各器官组织,其中以肝脏含量最高,肾、肺、脾次之,可通过血 - 脑屏障进入脑组织,一般认为具有氟、氰等基团的有机磷,其穿透血 - 脑屏障的能力较强,有的还能通过胎盘屏障到达胎儿体内。脂溶性高的有机磷农药能少量储存于脂肪组织中延期释放。

有机磷在体内的代谢途径及代谢速率因种属而异,并且取决于联结在其基本结构上的替代化学基团的种类。有机磷农药在体内代谢主要为氧化及水解两种形式,一般氧化产物毒性增强,水解产物毒性降低。例如,对硫磷在体内经肝细胞微粒体氧化酶的作用,先被氧化为毒性较大的对氧磷,后者又被磷酸三酯水解酶水解,分解后的代谢产物对硝基酚等随尿排出。马拉硫磷在体内可被氧化为马拉氧磷,毒性增加,也可被羧酸酯水解酶水解失去活性。哺乳动物体内含丰富的羧酸酯酶,对马拉硫磷的水解作用超过氧化作用,而昆虫相反,因而马拉硫磷是高效、对人畜低毒的杀虫剂。乐果在体内也可被氧化成毒性更大的氧化乐果,同时可由肝脏的酰胺酶将其水解为乐果酸,经进一步代谢转变成无毒产物由尿排出。但在昆虫体内,酰胺酶的降解能力有限,因而其杀虫效果较好。

由于有机磷结构的相似性,经过上述的生物转化反应,其最终都代谢为6种二烷基磷酸酯的一种或几种,并大部分随尿排出。有机磷在体内经代谢转化后排泄很快。一般数日内可排完。主要通过肾脏排出,少部分随粪便排出。

有机磷毒作用的主要机制是抑制胆碱酯酶(cholinesterase,ChE)的活性,使之失去分解乙酰胆碱(acetylcholine,Ach)的能力,导致乙酰胆碱在体内的聚集,而产生相应的功能紊乱。

乙酰胆碱是胆碱能神经的化学递质,胆碱能神经包括大部分中枢神经纤维、交感与副交感神经的节前纤维、全部副交感神经的节后纤维、运动神经、小部分交感神经节后纤维如汗腺分泌神经及横纹肌血管舒张神经等,当胆碱能神经兴奋时,其末梢释放乙酰胆碱作用于效应器。按其作用部位可分为两种情况:①毒蕈碱样作用(M样作用),因兴奋乙酰胆碱M受体,其效应与刺激副交感神经节后纤维所产生的作用类似。如心血管抑制,腺体分泌增加,平滑肌痉挛,瞳孔缩小,膀胱及子宫收缩及肛门括约肌松弛等。②烟碱作用(N样作用),在自主神经节、肾上腺髓质和横纹肌的运动终板上,乙酰胆碱的N受体受到兴奋,作用与烟碱相似,小剂量兴奋,大剂量抑制、麻痹占中枢神经内神经细胞之间的突触联系,大部分属于胆碱能纤维。

胆碱酯酶是一类能在体内迅速水解乙酰胆碱的酶。在正常生理条件下,当胆碱能神经受刺激时,其末梢部位立即释放乙酰胆碱,将神经冲动向其次一级神经元或效应器传递。同时,乙酰胆碱迅速被突触间隙处的胆碱酯酶分解失效而解除冲动,以保证神经生理功能的正常活动。体内有两类胆碱酯酶,一类称为乙酰胆碱酯酶(AchE),主要分布于神经系统及红细胞表面(由神经细胞及幼稚红细胞合成),具有水解乙酰胆碱的特殊功能,亦称真性胆碱酯酶。另一类为丁酰胆碱酯酶(BuChE),存在于血清、唾液腺及肝脏中(在肝脏中合成),它分解丁酰胆碱的作用较强,也能分解丙酰胆碱及乙酰胆碱,但此种作用较弱,因此其生理功能还不太清楚,也称假性胆碱酯酶。对神经传导起作用的是真性胆碱酯酶,但有机磷中毒时,两类胆碱酯酶都可被抑制。

乙酰胆碱酯酶具有两个活性中心,即阴离子部位和酶解部位。阴离子部位能与乙酰胆碱中带有阳电荷的氮(N)结合,同时酶解部位与乙酰胆碱中的乙酰基中的碳原子结合形成复合物,进而形成胆碱和乙酰化胆碱酯酶。最后,乙酰化胆碱酯酶在乙酰水解酶的作用下,在千分之几秒内迅速水解,使乙酰基形成醋酸,而胆碱酯酶恢复原来状态。

有机磷化合物进入人体后,可迅速与体内胆碱酯酶结合,形成磷酰化胆碱酯酶,因而使之失去分解乙酰胆碱的作用,以致胆碱能神经末梢部位所释放的乙酰胆碱不能迅速被其周围的胆碱酯酶所水解,造成乙酰胆碱大量蓄积,作用于器官组织,发生与胆碱能神经过度兴奋相似的症状,产生强烈的毒蕈碱样症状、烟碱样症状和中枢神经系统症状。

有机磷化合物抑制胆碱酯酶的速度，与其化学结构有一定关系。磷酸酯类如对氧磷、敌敌畏等，在体内能直接抑制胆碱酯酶；而硫代磷酸酯类如对硫磷、乐果、马拉硫磷等，必须在体内经过活化（如氧化）作用，才能抑制胆碱酯酶（间接抑制剂），故其对胆碱酯酶的抑制作用较慢，持续时间相对较长。

随着中毒时间延长，磷酰化胆碱酯酶可失去重活化的能力，而成为"老化酶"。老化是有机磷酸酯类化学物抑制乙酰胆碱酯酶后的一种变化，是指中毒酶从可以重活化状态到不能重活化状态，其实质是一种自动催化的脱烷基反应。此时即使用复能剂，亦难以恢复其活性，其恢复主要靠再生：红细胞乙酰胆碱酯酶的恢复每天约 1%，相当于红细胞的再生速度；血浆胆碱酯酶恢复相对较快，约需 1 个月左右。胆碱酯酶活性抑制是有机磷农药毒作用的主要机制，但不是唯一的机制。如兴奋性氨基酸、抑制性氨基酸、单胺类递质等非胆碱能机制的研究报告越来越多。

有机磷可以直接作用于胆碱能受体，可以抑制其他的酯酶，也可以直接作用于心肌细胞，造成心肌损伤。一些农药，如敌百虫、敌敌畏、马拉硫磷、甲胺磷、对溴磷、三甲苯磷、丙硫磷等，还可以引起迟发性神经病变（OPIDN），OPIDN 主要病变为周围神经及脊髓长束的轴索变性，轴索内聚集管囊样物继发脱髓鞘改变。长而粗的轴索最易受损害，且以远端为重，符合中枢：周围远端型轴索病。OPIDN 的发病机制尚未完全明了，目前认为与神经病靶酯酶抑制以及靶神经轴索内的钙离子/钙调蛋白激酶 B 受干扰，使神经轴突内钙稳态失调，骨架蛋白分解，导致轴突变性有关：还有一些农药，如乐果、氧乐果、敌敌畏、甲胺磷、倍硫磷等中毒后，在出现胆碱能危象后和出现 OPIDN 前，出现中间肌无力综合征。中间肌无力综合征的主要表现是以肢体近端肌肉、脑神经支配肌肉以及呼吸肌的无力为特征，其发病机制迄今尚未阐明，主要假设有神经-肌接头传导阻滞、横纹肌坏死、乙酰胆碱酯酶持续抑制、血清钾离子水平下降、氧自由基损伤。

三、临床表现

1. 急性中毒　潜伏期长短与接触有机磷的品种、剂量、侵入途径及人体健康状况等因素有关。经皮肤吸收中毒者潜伏期较长，可在 12 小时内发病，但多在 2~6 小时开始出现症状。呼吸道吸收中毒时潜伏期也短，但往往是在连续工作下逐渐发病。通常发病越快，病情越重。急性中毒的症状体征可分下列几方面：

（1）毒蕈碱样症状：早期就可出现，主要表现为①腺体分泌亢进，口腔、鼻、气管、支气管、消化道等处腺体及汗腺分泌亢进，出现多汗、流涎、口鼻分泌物增多及肺水肿等。②平滑肌痉挛，气管、支气管、消化道及膀胱逼尿肌痉挛，可出现呼吸困难、恶心、呕吐、腹痛、腹泻及大小便失禁等。③瞳孔缩小，因动眼神经末梢 Ach 堆积引起虹膜括约肌收缩使瞳孔缩小。重者瞳孔常小如针尖。④心血管抑制，可见心动过缓、血压偏低及心律失常。但前两者常被烟碱样作用所掩盖。

（2）烟碱样症状：可出现血压升高及心动过速，常掩盖毒蕈碱样作用下的血压偏低及心动过缓。运动神经兴奋时，表现肌束震颤、肌肉痉挛，进而由兴奋转为抑制，出现肌无力、肌肉麻痹等。

（3）中枢神经系统症状：早期出现头晕、头痛、倦怠、乏力等，随后可出现烦躁不安、言语不清及不同程度的意识障碍，严重者可发生脑水肿，出现癫痫样抽搐、瞳孔不等大等，甚至呼吸中枢麻痹死亡。

（4）其他症状：严重者可出现许多并发症状，如中毒性肝病、急性坏死性胰腺炎、脑水肿等。一些重症患者可出现中毒性心肌损害，出现第一心音低钝，心律失常或呈奔马律，心电图可显示 ST-T 改变，QT 间期延长，束支阻滞，异位节律，甚至出现扭转性室速或室颤。少数患者在中毒后胆碱能危象症状消失后，出现中间肌无力综合征，出现时间主要在中毒后第 2~7 天。部分患者在急性中毒恢复后出现迟发性神经病变。

2. 慢性中毒　多见于农药厂工人，症状一般较轻，主要有类神经症，部分出现毒蕈碱样症状，偶有肌束颤动、瞳孔变化、神经肌电图和脑电图变化。长期接触对健康的影响，虽然报道不多，但近几年已经受到关注，注意到可能对免疫系统功能、生殖功能的不良作用。

3. 致敏作用和皮肤损害　有些有机磷农药具有致敏作用，可引起支气管哮喘、过敏性皮炎等。

四、诊断

有机磷中毒是接触有机磷引起的以胆碱酯酶活性下降，出现毒蕈碱样、烟碱样和中枢神经系统症状为主的全身性疾病。能否正确诊断是有机磷中毒抢救成功与否的关键。由于有机磷中毒后，病情变化迅速，必须随时观察病情变化，根据病情调整用药。此外，必须注意接触混配农药时其他农药中毒的识别。《职业性急性有机磷杀虫剂中毒诊断标准》(GBZ 8—2002)，明确规定了有关原则和分级标准。

1. 诊断依据　根据短时间接触大量有机磷杀虫剂的职业史，以自主神经、中枢神经和周围神经系统症状为主要临床表现，结合全血胆碱酯酶活性测定，参考作业环境的劳动卫生调查资料进行综合分析，排除其他类似疾病后，方可诊断。

2. 接触反应　具有下列表现之一：①全血或红细胞胆碱酯酶活性在70%以下，尚无明显中毒的临床表现；②有轻度的毒蕈碱样自主神经症状和（或）中枢神经系统症状，而全血胆碱酯酶活性在70%以上。

3. 急性中毒分级标准

（1）急性轻度中毒：短时间内接触较大量的有机磷后，在24小时内出现头晕、头痛、恶心、呕吐、多汗、胸闷、视力模糊、无力等症状，瞳孔可能缩小。全血胆碱酯酶活性一般在50%~70%。

（2）急性中度中毒：除较重的上述症状外，还有肌束震颤、瞳孔缩小（轻度呼吸困难、流涎、腹痛、腹泻、步态蹒跚、意识清楚或模糊。全血胆碱酯酶活性一般在30%~50%。

（3）急性重度中毒：除上述症状外，并出现下列情况之一者，可诊断为重度中毒：①肺水肿；②昏迷；③呼吸麻痹；④脑水肿。全血胆碱酯酶活性一般30%以下。

（4）中间肌无力综合征：在急性中毒后1~4天左右，胆碱能危象基本消失且意识清晰，出现肌无力为主临床表现。高频重复刺激周围神经的肌电图检查，可引出诱发电位波幅呈进行性递减。依据呼吸肌是否受累，分为轻型和重型两类。

（5）迟发性神经病：在急性重度中毒症状消失后2~3周，有的病例可出现感觉、运动型周围神经病，神经 - 肌电图检查显示神经元损害。

4. 慢性中毒　长时间接触有机磷后出现下列情况之一，可诊断为慢性中毒。①有神经症状、轻度毒蕈碱样症状和烟碱样症状中两项，胆碱酯酶活性在50%以下，并在脱离接触后一周内连续3次检查仍在50%以下；②出现上述症状一项：胆碱酯酶活性在30%以下，并在脱离接触后一周内连续3次检查仍在50%以下。

五、处理原则

1. 急性中毒

（1）清除毒物：立即使患者脱离中毒现场，脱去污染衣服，用肥皂水（忌用热水）彻底清洗污染的皮肤、头发、指甲；眼部如受污染，应迅速用清水或2%碳酸氢钠溶液冲洗。

（2）特效解毒药：迅速给予解毒药物。轻度中毒者可单独给予阿托品；中度或重度中毒者，需要阿托品及胆碱酯酶复能剂（如氯解磷定、解磷定）两者并用，合并使用时，有协同作用，剂量应适当减少。敌敌畏、乐果等中毒时，使用胆碱酯酶复能剂的效果较差。治疗应以阿托品为主。注意阿托品化，但也要防止阿托品过量，甚至中毒。

（3）对症治疗：处理原则同内科。治疗过程中，特别注意要保持呼吸道通畅出现呼吸衰竭或呼吸麻痹时，立即给予机械通气。必要时做气管插管或切开。呼吸暂停时，不应轻易放弃治疗。对非胆碱能机制的一些相应症状也可以应用相应的药物。急性中毒患者临床表现消失后仍应继续观察 2~3 天；乐果、马拉硫磷、久效磷中毒者，应延长治疗观察时间，重度中毒患者避免过早活动、防止病情突变。

（4）劳动能力鉴定：①观察对象应暂时调离有机磷作业 1~2 周，并复查全血胆碱酯酶活性，有症状者，可适当对症处理；②急性中毒：治愈后 3 个月内不宜接触有机磷。有迟发性神经病变者，应调离有机磷作业。

2. 慢性中毒　应脱离接触，进行治疗。主要采取对症处理和支持疗法。在症状、体征基本消失，血液胆碱酯酶活性恢复正常后 1~3 个月后，可安排原来工作。如屡次发生或病情加重，应调离有机磷接触岗位。

六、预防原则

见农药概述部分。在健康监护时，就业前体检注意检查全血胆碱酯酶活性。定期体检将全血胆碱酯酶活性检查列入常规，必要时进行神经 - 肌电图检查。

职业禁忌证：①神经系统器质性疾病；②明显的肝、肾疾病；③明显的呼吸系统疾病；④全身性皮肤病；⑤全血胆碱酯酶活性明显低于正常者。

第七节　苯的氨基和硝基化合物中毒

苯或其同系物（如甲苯、二甲苯、酚）苯环上的氢原子被一个或几个氨基（$-NH_2$）或硝基（$-NO_2$）取代后，即形成芳香族氨基或硝基化合物（aromatic amino-and nitro-compounds）。因苯环不同位置上的氢可由不同数量的氨基或硝基、卤素或烷基取代，故可形成种类繁多的衍生物。比较常见的有苯胺、苯二胺、联苯胺、二硝基苯、三硝基甲苯、硝基氯苯等，其主要代表为苯胺（aniline，$C_6H_5NH_2$）和硝基苯（nitrobenzene，$C_6H_5NO_2$）。

一、理化性质

此类化合物多数沸点高，挥发性低，常温下多为固体或液体，多难溶或不溶于水，而易溶于脂肪、醇、醚、氯仿及其他有机溶剂。苯胺的沸点为 184.4℃，硝基苯为 210.9℃，联苯胺的沸点高达 410.3℃。

二、接触机会

这类化合物广泛应用于制药、染料、油漆、印刷、橡胶、炸药、农药、香料、油墨及塑料等生产工艺过程中。如苯胺常用于制造燃料和作为橡胶促进剂、抗氧化剂、光学白涂剂、照相显影剂等;联苯胺常用于制造偶氮染料和作物橡胶硬化剂;也用来制造塑料薄膜等,三硝基甲苯是常用炸药成分之一,主要在国防工业、采矿、筑路等工农业生产中使用较多。

三、毒理

在生产条件下,这类化合物主要以粉尘、蒸气的形态存在于空气中,可经呼吸道和完整皮肤吸收。对于液态的化合物,经皮肤吸收的途径更为重要。在生产过程中,劳动者常因热料喷洒到身上或在搬运及装卸过程中外溢的液体经浸湿的衣服、鞋袜沾染皮肤而导致吸收中毒。

该类化合物吸收入体后,苯胺经氧化、硝基苯经还原,最后两者均转化成对氨基酚,从肾脏随尿排出体外。但苯胺的转化快,硝基苯的转化慢。

该类化合物主要引起血液、肝脏及肾脏等的损害,由于各类衍生物结构不同,其毒性也不尽相同。如苯胺形成高铁血红蛋白(MetHb)较快;硝基苯对神经系统作用明显;三硝基甲苯对肝脏和眼晶状体损害明显;联苯胺和萘胺可致膀胱癌等。虽然如此,该类化合物的主要毒作用仍有以下共同和相似之处。

1. 血液系统损害

(1)形成高铁血红蛋白:在正常生理情况下,红细胞内血红蛋白(Hb)中的铁离子呈亚铁(Fe^{2+})状态,当 Hb 中的 Fe^{2+} 被氧化成高铁(Fe^{3+})时,即形成高铁血红蛋白,从而失去携氧能力。正常生理条件下,体内只有少量高铁血红蛋白,约占血红蛋白总量的 0.5%~2%。苯的氨基硝基化合物大量吸收可致高铁血红蛋白大量生成,超过机体生理还原能力,则可发生高铁血红蛋白血症,并出现化学性发绀等。

苯的氨基硝基化合物致高铁血红蛋白的能力强弱不等。下述化合物高铁血红蛋白的形成能力强弱依序为:对硝基苯>间位二硝基苯>苯胺>邻位二硝基苯>硝基苯。

(2)形成硫化血红蛋白:若血红蛋白中含一个或以上的硫原子,即为硫化血红蛋白。正常情况下约占 0~2%。苯的氨基硝基化合物大量吸收也可致血中硫化血红蛋白升高。通常,硫化血红蛋白>0.5% 时,即可出现发绀。一般认为,可致高铁血红蛋白形成者,多可致硫化血红蛋白的形成,但形成能力低得多,故较少见。硫化血红蛋白一经形成,不可逆转,故因其引起的发绀症状可持续数月之久(红细胞的寿命多为120天)。

(3)形成变形珠蛋白小体(赫恩小体 Heinz body):苯的氨基硝基化合物在体内经代谢转化产生的中间产物可直接作用于珠蛋白分子中的巯基(-SH),使珠蛋白变性。初期仅2个巯基被结合变性,其变性是可逆的;到后期,4个巯基均与毒物结合,变性的珠蛋白则常沉积在红细胞内。赫恩小体呈圆形,或椭圆形,直径0.3~2μm,具有折光性,多为1~2个,位于细胞边缘或附着于红细胞上。赫恩小体的形成略迟于高铁血红蛋白,中毒后约2~4天可达高峰,1~2周左右才消失。

(4)溶血作用:苯的氨基硝基化合物引起高铁血红蛋白血症,机体可能因此消耗大量的还原性物质(包括 GSH、NADPH 等),后者为清除红细胞内氧化性产物和维持红细胞膜正常功能所必需的,故此类化合物可导致红细胞破裂,产生溶血。此类化合物形成的红细胞珠蛋白变性,致使红细胞膜脆性增加和功能变化,也可能是其引起溶血的机制之一。高铁血红蛋白形成和消失的速度、赫恩小体的形成和消失与溶血作用的轻重均不相平行。

(5)贫血:长期较浓度的接触可能导致贫血,出现点彩红细胞、网织红细胞增多,骨髓象显示增生不良,呈进行性发展,甚至出现再生障碍性贫血。

2. 肝、肾损害 有些苯的氨基硝基化合物可直接损害肝细胞,引起中毒性肝病。以硝基化合物损害所致肝脏损害较为常见,如三硝基甲苯、硝基苯、二硝基苯等。某些苯的氨基和硝基化合物本身及其代谢产物可直接作用于肾脏,引起肾实质性损害,出现肾小球及肾小管上皮细胞发生变性、坏死。中毒性肝损害或肾损害亦可由于大量红细胞破坏,血红蛋白及其分解产物沉积于肝脏或肾脏,而引起继发性肝或肾损害。

3. 神经系统损害 该类化合物可引起神经系统损害,重度中毒患者可有视神经细胞脂肪变性,视神经区可受损害,发生视神经炎、视神经周围炎等。

4. 皮肤损害和致敏作用 有些化合物对皮肤有强烈的刺激作用和致敏作用,一般在接触后数日至数周后发病,脱离接触并进行适当治疗后多可痊愈。个别过敏体质者,接触对苯二胺和二硝基氯苯后,还可发生支气管哮喘,临床表现与一般哮喘相似。

5. 眼晶状体损害 有些化合物,如三硝基甲苯、二硝基酚、二硝基邻甲酚可引起眼晶状体混浊,最后发展为白内障。中毒性白内障多发生于慢性职业接触者,一旦发生,即使脱离接触,多数患者病变仍可继续发展。

6. 其他损害作用 目前此类化合物中已公认能引起职业性膀胱癌的毒物为4-氨基联苯,联苯胺和β-萘胺等。此外,尚有男工精子数量减少、活动力下降等生殖系统的损害,氧化-磷酸化脱偶联类能量代谢障碍等报道。

四、诊断

我国现行职业性苯的氨基和硝基化合物急性中毒诊断标准为 GBZ 30—2015。我国目前尚无统一的职业性苯的氨基和硝基化合物慢性中毒的诊断标准,但慢性 TNT 中毒有诊断及分级标准:为 GBZ 69—2011。

五、处理原则

1. 急性中毒处理

(1)应立即将中毒患者撤离中毒现场,脱去污染的衣服、鞋、袜。皮肤污染者可用 5% 醋酸溶液清洗皮肤,再用大量肥皂水或清水冲洗;眼部受污染,可用大量生理盐水冲洗。

(2)注意维持呼吸、循环功能;给予吸氧,必要时可辅以人工呼吸,给予呼吸中枢兴奋药及强心、升压药等。

(3)高铁血红蛋白血症的处理:① 5%~10% 葡萄糖溶液 500ml 加维生素 C 5.0g 静脉滴注,或 50% 葡萄糖溶液 80~100ml 加维生素 C 2.0g 静脉注射,适用于轻度中毒患者;②亚甲蓝(methylene blue,美蓝)的应用:常用 1% 亚甲蓝溶液 5~10ml(1~2mg/kg)加入 10%~25% 葡萄糖溶液 20ml 中静注,1~2 小时可重复使用,一般用 1~2 次。

亚甲蓝注射过快或一次应用剂量过大易出现恶心、呕吐、腹痛,甚至抽搐、惊厥等。

(4)溶血性贫血的治疗:可根据病情严重程度采取综合治疗措施。糖皮质激素治疗为首选方法,一般用大剂量静脉快速给药。可用地塞米松 10~20mg 或氢化可的松 200~500mg 静脉滴注,至少用 3~5 天。对于急性溶血危象及严重贫血者应进行输血。也可给予低分子右旋糖酐 250~500ml 静滴;给予 5% 碳酸氢钠溶液 100~250ml,使尿液碱化,防止 Hb 在肾小管内沉积;严重者可采用置换血浆两份和血液净化疗法。

(5)中毒性肝损害的处理:除给予高糖、高蛋白、低脂肪、富含维生素饮食外,应积极采取"护肝"治疗。

(6)其他:对症和支持治疗,如有高热,可用物理降温法或用人工冬眠药物并加强护理工作,包括心理护理等。

2. 慢性中毒的处理　慢性中毒患者应调理岗位,避免进一步的接触,并积极治疗。治疗主要是对症处理,如有类神经症可给予谷维素、安生补脑液、安定等。慢性肝病的治疗根据病情可选葡醛内酯 0.1g,每日 3 次;联苯双酯 25mg,每日 3 次,口服。维生素 C 2.5g 加 10% 葡萄糖液 500ml,静脉滴注,每日 1 次。白内障的治疗目前尚无特效药物,可用氨肽碘、砒诺辛钠等眼药水滴眼。

六、中毒的预防和控制

1. 改善生产条件，改革工艺流程 加强生产操作过程的密闭化、连续化、机械化及自动化水平。如苯胺生产用抽气泵加料代替手工操作，以免工人直接接触。以无毒或低毒物质代替剧毒物，如染化行业中用固相反应法代替使用硝基苯作热载体的液相反应；用硝基苯加氢法代替还原法生产苯胺等工艺。

2. 重视检修制度，遵守操作规程 工厂应定期进行设备检修，防止跑、冒、滴、漏现象发生。在检修过程中，应严格遵守各项安全操作规程，同时要做好个人防护，检修时要戴防毒面具，穿紧袖工作服、长筒胶鞋，戴橡胶手套等。定期清扫，定期监测。

3. 加强宣传教育，增强个人防护意识 开展多种形式的安全健康教育，在车间内不吸烟，不吃食物，工作前后不饮酒，及时更换工作服、手套，污染毒物的物品不能随意丢弃，应妥善处理。接触 TNT 的工人，工作后应用温水彻底淋浴，可用 10% 亚硫酸钾肥皂洗浴、洗手，该品遇 TNT 可变为红色，将红色全部洗净，表示皮肤污染已去除。也可用浸过 9∶1 酒精、氢氧化钠溶液的棉球擦手，如不出现黄色，则表示 TNT 污染已清除。

4. 做好就业前体检和定期体检工作 就业前发现血液病、肝病、内分泌紊乱、心血管疾病、严重皮肤病、红细胞葡萄糖-6-磷酸脱氢酶缺乏症、眼晶状体混浊或白内障的患者，不能从事接触此类化合物的工作。每年定期体检一次，体检时，特别注意肝（包括肝功能）、血液系统及眼晶状体的检查。

七、苯胺的临床表现

1. 急性中毒 主要引起高铁血红蛋白血症。短时间内大量吸收苯胺，可引起急性中毒，以夏季多见。早期表现为发绀，最先见于口唇、指端及耳垂等部位，其色调与一般缺氧所见的发绀不同，呈蓝灰色，称为化学性发绀。当血中高铁血红蛋白占血红蛋白总量的 15% 时，即可出现明显发绀，但此时可无自觉症状。当高铁血红蛋白增高至 30% 以上时，出现头昏、头痛、乏力、恶心，手指麻木及视力模糊等症状。当高铁血红蛋白升至 50% 时，出现心悸、胸闷、呼吸困难、精神恍惚、恶心、呕吐，抽搐等；严重者可发生心律失常、休克，以致昏迷、瞳孔散大，甚至危及生命。较严重中毒者，中毒 3~4 天后可出现不同程度的溶血性贫血，并继发黄疸、中毒性肝病和膀胱刺激症状等。肾脏受损时，出现少尿、蛋白尿、血尿等，严重者可发生急性肾功能衰竭。少数心肌损害患者，眼部接触可引起结膜炎、角膜炎。

2. 慢性中毒 长期慢性接触苯胺可出现类神经症，如头晕、头痛、倦乏无力、失眠、记忆力减退、食欲减退等症状，并出现轻度发绀、贫血和肝脾肿大等体征。红细胞中可出现赫恩小体。皮肤经常接触苯胺蒸汽后,可发生湿疹、皮炎等。

八、三硝基甲苯

1. 毒理 接触 TNT 工人尿中可以检出 10 余种 TNT 的代谢产物,如 4- 氨基 -2,6 二硝基甲苯(4-A)等。工人尿内 4-A 含量最多,也有一定量的原形 TNT。因此,尿 4-A 和原形 TNT 含量可作为职业接触的生物监测指标。

2. 临床表现

(1)急性中毒:目前在我国生产环境条件下发生急性中毒已较少见。轻度急性中毒时,患者可头晕、头痛、恶心、呕吐、食欲减退。上腹部及右季肋痛;口唇发绀,常可扩展到鼻尖、耳壳、指(趾)端等部位。重度者,除上述症状加重以外,尚有神志不清,呼吸浅且加快,偶有惊厥,甚至大小便失禁,瞳孔散大,对光反应,角膜及腱反射消失。严重者可因呼吸麻痹死亡。

(2)慢性中毒:长期接触 TNT 可引起慢性中毒,主要表现肝、眼晶状体、血液等损害。

1)肝损害:患者出现乏力、食欲减退、恶心、肝区疼痛,临床表现与传染性肝炎相似。体检时肝大,大多在肋下 1.0~1.5cm 左右,有压痛、叩痛,多数无黄疸。随着病情进展,肝质地由软变韧,可出现脾肿大,严重者可导致肝硬化。肝功能试验可出现异常,其中包括血清丙氨酸氨基转移酶(ALT)、天门冬氨酸氨基转移酶(AST),γ- 谷氨酸转肽酶(γ-GT)、血清肝胆酸(CG),血清转铁蛋白(TF)和前白蛋白(PA)、色氨酸耐量试验(ITTT)、吲哚氰绿滞留试验(ICG)等。TNT 对肝和晶状体的损害程度不完全一致,据我国普查资料显示,TNT 引起的肝损害早于晶状体损害。

2)晶状体损害表现:慢性中毒患者出现晶状体损害,即中毒性白内障是常见而且具有特征性的体征。TNT 中毒性白内障常开始于双眼晶状体周边部呈环形混浊,环多数为尖向内,底向外的楔形混浊融合而成,进一步晶状体中央部出现盘状混浊。TNT 白内障有如下特点:①一般接触 TNT 工龄在 6 个月 ~ 3 年后发病。工龄越长则发病率越高,10 年以上工龄者发病率 78.5%,15 年以上高达 83.65%。②白内障形成后,即使不再接触 TNT,仍可进展和加重,脱离接触时未发现白内障的工人在数年仍可发生。③一般不影响视力,但晶状体中央部出现浑浊,可使视力下降。④ TNT 白内障与 TNT 中毒性肝病发病不平行,中毒性白内障患者可伴有肝大,但亦可在无肝损伤情况下单独存在。

3)血液改变:TNT 可引起血红蛋白、中性粒细胞及血小板减少,出现贫血;也可出现赫恩小体。严重者可出现再生障碍性贫血,但在目前生产条件下,发生血液方面的改变较少。

4)皮肤改变:有的接触 TNT 工人出现"TNT 面容",表现为面色苍白,口唇、耳廓青紫色。另外,手、前臂、颈部等裸露部位皮肤产生过敏性皮炎、黄染,严重时呈鳞状脱屑。

5)生殖功能影响:接触 TNT 男工有性功能低下,如性欲低下、早泄与阳痿等。精液检查发现精液量显著减少,精子活动率 < 60% 者显著增多,精子形态异常率增高,接触者血清睾酮含量显著降低。女工则表现为月经周期异常、月经量过多或过少、痛经等。

6)其他:长期接触 TNT 工人类神经症发生率较高,可伴有自主神经功能紊乱。细胞免疫功能降低。部分人可出现心肌及肾损害,尿蛋白含量及某些酶增高等改变。

第八节　生产性粉尘及其所致疾病

尘肺病是由于在生产环境中长期吸入生产性粉尘而引起的以肺组织纤维化为主的疾病。粉尘长期滞留在细支气管与肺泡内,即使脱离粉尘作业场所,病变仍会继续发展。

尘肺病是我国影响面最广,危害最严重的职业病,给国家和患病劳动者造成了巨大的经济负担和健康损失,严重影响了劳动力资源的可持续发展。截至 2014 年底,全国累计报告尘肺病 850 932 例近几年仍在以每年近 3 万例的数量激增,且与大量的"未报告"病例相比,"报告病例"只是冰山一角。根据国家卫生和计划生育委员会通报,2016 年,我国 30 个省、自治区、直辖市(不包括西藏)和新疆生产建设兵团共报告尘肺病新病例 27 992 例,占 2016 年职业病报告总例数的 88.36%,其中 95.49% 的病例为煤工尘肺和矽肺,分别为 16 658 例和 10 772 例。尘肺病发病工龄缩短,群发性尘肺病时有发生,超过半数的尘肺病分布在中、小型企业,形势严峻。

一、尘肺病的分类

根据多年临床观察、X 线胸片检查、病理解剖和实验研究的资料,我国按病因将尘肺病分为 5 类:

1. 矽肺　由于长期吸入游离二氧化硅含量较高的粉尘引起。

2. 硅酸盐肺　由于长期吸入含有结合二氧化硅的粉尘,如石棉、滑石、云母等引起。

3. 炭尘肺　由于长期吸入煤、石墨、炭黑、活性炭等粉尘引起。

4. 混合性尘肺　由于长期吸入含游离二氧化硅粉尘和其他粉尘,如煤尘等引起。

5. 金属尘肺 由于长期吸入某些致纤维化的金属粉尘,如铝尘引起。

在我国 2013 年 12 月 23 日新修订的《职业病分类和目录》中,规定的尘肺病名单包括矽肺、石棉肺、煤工尘肺、石墨尘肺、炭黑尘肺、滑石尘肺、水泥尘肺、云母尘肺、陶工尘肺、铝尘肺、电焊工尘肺及铸工尘肺。此外根据《尘肺病诊断标准》(GBZ 70—20215)和《职业性尘肺病的病理诊断标准》(GBZ 25—2014),设置了开放条款,将可以诊断的其他尘肺病列为第 13 种尘肺。

二、尘肺病的诊断

1. 诊断原则和方法 根据可靠的生产性粉尘接触史,以 X 射线后前位胸片表现为主要依据,结合现场职业卫生学、尘肺流行病学调查资料和健康监护资料,参考临床表现和实验室检查,排除其他肺部类似疾病后,对照尘肺病诊断标准片,小阴影总体密集度至少达到 1 级,分布范围至少达到 2 个肺区,方可作出尘肺病的诊断。①确切可靠的生产性粉尘接触史是诊断尘肺病的基本条件,应包括工作单位、工种、不同时间段接触生产性粉尘的起止时间、接触粉尘的名称和性质等;②后前位胸片表现是诊断的主要依据,胸片应使用 X 射线高仟伏或数字化摄影技术摄影,质量必须符合《尘肺病诊断标准》(GBZ 70—2015)的要求;③现场职业卫生学调查主要是指接触粉尘的性质,粉尘中游离二氧化硅含量、粉尘分散度、粉尘浓度的检测和监测结果,作业场所防尘降尘设施、个人防护情况等,以判断接触程度和累计接触量;④尘肺流行病学调查资料主要是指该企业既往尘肺病的发病和患病情况;⑤尘肺病患者虽可有不同程度的呼吸系统症状和体征及某些实验室检查的异常,但均不具有特异性,因此只能作为诊断尘肺病的参考。临床检查和实验室检查重点是排除其他 X 射线胸片表现与尘肺病相类似的疾病和进行鉴别诊断。

对于职业史不清或只有单张胸片及胸片质量不佳者,应尽量查清职业史,重新拍摄出质量良好的后前位胸片,再行诊断,避免误诊和漏诊。由职业病执业医师组成的诊断组诊断,发给尘肺病诊断证明书,患者享受国家相应医疗和劳动保险待遇。

2. 鉴别诊断 在诊断时应注意与下述疾病鉴别:急性和亚急性血行播散型肺结核、浸润性肺结核、肺含铁血黄素沉着症、肺癌、特发性肺间质纤维化、变态反应性肺泡炎、肺真菌病、肺泡微石症等。

对于少数生前有较长时间接尘职业史,未被诊断为尘肺病者,根据本人遗愿或死后家属提出申请,可进行尸体解剖。根据详细可靠的职业史,由具有尘肺病病理诊断权的病理专业人员按照《职业性尘肺病的病理诊断标准》(GBZ 25—2014)提出尘肺的病理诊断报告,患者历次 X 线胸片、病例摘要或死亡日志及现场劳动卫生学资料是诊断必需的参考条件。该诊断可作为享受职业病待遇的依据。

3. 尘肺病诊断分期 《尘肺病诊断标准》(GBZ 70—2015)将尘肺病分期如下：

（1）尘肺壹期：有下列表现之一者：

1）有总体密集度1级的小阴影，分布范围至少达到2个肺区。

2）接触石棉粉尘，有总体密集度1级的小阴影，分布范围只有1个肺区，同时出现胸膜斑。

3）接触石棉粉尘，小阴影总体密集度为0，但至少有两个肺区小阴影密集度为0/1，同时出现胸膜斑。

（2）尘肺贰期：有下列表现之一者：

1）有总体密集度2级的小阴影，分布范围超过4个肺区。

2）有总体密集度3级的小阴影，分布范围达到4个肺区。

3）接触石棉粉尘，有总体密集度1级的小阴影，分布范围超过4个肺区，同时出现胸膜斑并已累及部分心缘或膈面。

4）接触石棉粉尘，有总体密集度2级的小阴影，分布范围达到4个肺区，同时出现胸膜斑并已累及部分心缘或膈面。

（3）尘肺叁期：有下列表现之一者：

1）有大阴影出现，其长径不小于20mm，短径大于10mm。

2）有总体密集度3级的小阴影，分布范围超过4个肺区并有小阴影聚集。

3）有总体密集度3级的小阴影，分布范围超过4个肺区并有大阴影。

4）接触石棉粉尘，有总体密集度3级的小阴影，分布范围超过4个肺区，同时单个或两侧多个胸膜斑长度之和超过单侧胸壁长度的1/2或累及心缘使其部分显示蓬乱。

三、尘肺病患者的处理

（一）治疗

目前尚无根治办法。我国学者多年来研究了数种治疗矽肺的药物，它们在动物模型上具有一定的抑制胶原纤维增生等作用，临床试用中有某种程度上的减轻症状、延缓病情进展的疗效，但有待继续观察和评估。大容量肺泡灌洗术是目前尘肺治疗的一种探索性方法，可排出一定数量的沉积于呼吸道和肺泡中的粉尘，可在一定程度上缓解患者的临床症状，延缓尘肺病的进展，但由于存在术中及术后并发症，因而存在一定的治疗风险，远期疗效也有待于继续观察研究。尘肺病患者应根据病情需要进行综合治疗，积极预防和治疗肺结核及其他并发症，以期减轻症状、延缓病情进展、延长患者寿命、提高患者生活质量。

1. 保健康复治疗 包括①及时脱离接尘作业环境,定期复查、随访,积极预防呼吸道感染等并发症的发生;②进行适当的体育锻炼,加强营养,提高机体抵抗力,进行呼吸肌功能锻炼;③养成良好的生活习惯,饮食、起居规律,戒掉不良的生活习惯,如吸烟、酗酒等;④提高家庭护理质量。

2. 对症治疗 包括①镇咳,可选用适当的镇咳药治疗,但患者痰量较多时慎用,应采用先祛痰后镇咳的治疗原则;②通畅呼吸道,解痉、平喘;清除积痰(侧卧叩背、吸痰、湿化呼吸道、应用祛痰药);③氧疗,根据实际情况可采取间断或持续低流量吸氧以纠正缺氧状态,改善肺通气功能和缓解呼吸肌疲劳。

3. 并发症治疗 ①积极控制呼吸系统感染:尘肺病患者的机体抵抗力降低,尤其是呼吸系统的清除和自净能力下降,呼吸系统炎症,特别是肺内感染(包括肺结核)是尘肺病患者最常见的、最频发的并发症,而肺内感染又是促进尘肺病进展的重要因素,因而尽快尽早控制肺内感染对于尘肺病患者来说尤为重要。抗感染治疗时,应避免滥用抗生素,并密切关注长期使用抗生素后引发真菌感染的可能。②慢性肺源性心脏病的治疗:应用强心剂(如洋地黄)、利尿剂(如选用氢氯噻嗪)、血管扩张剂(如选用酚妥拉明、硝普钠)等措施对症处理。③呼吸衰竭的治疗:可采用氧疗、通畅呼吸道(解痉、平喘、祛痰等措施)、抗炎、纠正电解质紊乱和酸碱平衡失调等措施综合治疗。

(二)职业病致残程度鉴定

尘肺病患者确诊后,应依据尘肺诊断期别、肺功能损伤程度和呼吸困难程度,进行职业病致残程度鉴定。按《职工工伤与职业病致残程度鉴定》(GB/T 16180—2014),尘肺致残程度共分为6级,由重到轻依次为:

一级:尘肺叁期伴肺功能重度损伤及/或重度低氧血症〔$PO_2 < 5.3kPa$(40mmHg)〕。

二级:具备下列3种情况之一:①尘肺叁期伴肺功能中度损伤及/中度低氧血症;②尘肺贰期伴肺功能重度损伤及/或重度低氧血症〔$PO_2 < 5.3kPa$(40mmHg)〕;③尘肺叁期伴活动性肺结核。

三级:具备下列3种情况之一:①尘肺叁期;②尘肺贰期伴肺功能中度损伤及(或)中度低氧血症;③尘肺贰期合并活动性肺结核。

四级:具备下列3种情况之一:①尘肺贰期;②尘肺壹期伴肺功能中度损伤或中度低氧血症;③尘肺壹期合并活动性肺结核。

六级:尘肺壹期伴肺功能轻度损伤及(或)轻度低氧血症。

七级:尘肺壹期,肺功能正常。

(三)患者安置原则

1. 尘肺病一经确诊,不论期别,均应及时调离接尘作业。不能及时调离的,必须报告当地劳动、卫生行政主管部门,设法尽早调离。

2. 伤残程度轻者(六级、七级),可安排在非接尘作业从事劳动强度不大的工作。

3. 伤残程度中等者(四级),可安排在非接尘作业做些力所能及的工作,或在医务人员的指导下,从事康复活动。

4. 伤残程度重者(一级、二级、三级),不担负任何工作,在医务人员指导下从事康复活动。

四、尘肺病预防措施

无论发达国家还是发展中国家,生产性粉尘的危害是十分普遍的,尤以发展中国家为甚,我国政府对粉尘控制工作一直给予高度重视,在防止粉尘危害和预防尘肺发生方面做了大量的工作。我国的综合防尘和降尘措施可以概括为"革、水、密、风、护、管、教、查"八字方针,对控制粉尘危害具有指导意义。具体地说:①革,即工艺改革和技术革新,这是消除粉尘危害的根本途径;②水,即湿式作业,可降低环境粉尘浓度;③密,将尘源密闭;④风,加强通风及抽风措施;⑤护,即个人防护;⑥管,经常性地维修和管理工作;⑦教,加强宣传教育;⑧查,定期检查环境空气中粉尘浓度和接触者的定期体格检查。

实际工作中,尘肺的预防及控制应从以下几方面着手。

1. **法律措施** 新中国成立以来,我国政府陆续颁布了一系列的政策、法令和条例来防止粉尘危害。如1956年国务院颁布了《关于防止厂、矿企业中的矽尘危害的决定》。1987年2月颁布了《中华人民共和国尘肺防治条例》和修订的《粉尘作业工人医疗预防措施实施办法》,将尘肺病防治工作纳入了法制管理的轨道。2002年5月1日开始实施《中华人民共和国职业病防治法》,全国人民代表大会常务委员会会议于2011年12月、2016年7月及2017年11月审核通过该防治法的第一次、第二次及第三次修正案,修订后的法律更加充分体现了预防为主的方针,为控制粉尘危害和防治尘肺病的发生提供了明确的法律依据。

农民工已成为我国产业工人的主体,是推动国家现代化建设的重要力量,为经济社会发展作出了巨大贡献。但是,由于一些用人单位不履行防治主体责任,健康监护不到位,加上部分农民工缺乏职业防护和维权意识,农民工罹患尘肺病的势头并没有得到有效控制,病后得不到及时诊断、救治和赔偿的问题也没有得到有效解决。党中央、国务院高度重视农民工的职业健康。为进一步深入贯彻落实《中华人民共和国职业病防治法》，切实保障劳动者健康权益，根据农民工尘肺病防治工作需要，2016年1月8日，国家卫生计生委、国家发改委等10部委以国卫疾控发〔2016〕2号印发《关于加强农民工尘肺病防治工作的意见》。

我国还从卫生标准上逐步制定、修改和完善了生产场所粉尘的职业接触限值，明确地确立了防尘工作的基本目标。2007年新修订的《工作场所有害因素职业接触限值　第一部分：化学有害因素》（GBZ 2.1—2007）中列出了47种粉尘的8小时时间加权容许浓度。

2. 技术措施　各行各业需根据其粉尘的产生特点，通过技术措施进行控制，防尘和降尘措施概括起来主要体现在：

（1）改革工艺过程，革新生产设备：是消除粉尘危害的主要途径，如使用遥控操纵、计算机控制、隔室监控等措施避免工人接触粉尘。在可能的情况下，使用含石英低的原材料代替石英原料，寻找石棉的替代品等。

（2）湿式作业，通风除尘和抽风除尘：除尘和降尘的方法很多，既可使用除尘器，也可采用喷雾洒水、通风和负压吸尘等经济而简单实用的方法，降低作业场所的粉尘浓度。后者在露天开采和地下矿山应用较为普遍。对不能采取湿式作业的场所，可以使用密闭抽风除尘的方法，采用密闭尘源和局部抽风相结合，抽出的空气经过除尘处理后排入大气。

3. 个人防护措施　个人防护是对技术防尘措施的必要补救，在作业现场防、降尘措施难以使粉尘浓度降至国家卫生标准所要求的水平时，如井下开采的盲端，必须使用个人防护用品。工人防尘防护用品包括防尘口罩、防尘眼镜、防尘安全帽、防尘衣、防尘鞋等。

粉尘接触作业人员还应注意个人卫生，作业点不吸烟，杜绝将粉尘污染的工作服带回家，经常进行体育锻炼，加强营养，增强个人体质。

4. 卫生保健措施　开展健康监护，落实卫生保健措施，包括粉尘作业人员就业前和定期的医学检查。定期的医学检查能及时了解作业人员身体状况，保护其健康。根据《中华人民共和国尘肺病防治条例》和《职业健康监护技术规范》（GBZ 188—2014）的要求，从事粉尘作业的工人必须进行就业前和定期健康检查，脱离粉尘作业时还应做离岗时的职业健康检查，离岗后还应根据离岗时的状态、接触粉尘的性质和接触粉尘工龄进行不同时间的随访，如矽肺患者在离岗（包括退职）或退休后应每年进行一次医学检查。矽尘作业人员离岗后，若接触矽尘工龄在10年（含10年）以下者，随访15年，接触矽尘工龄超过10年者，随访21年，随访周期均为每3年一次。若接触矽尘工龄在3年（含3年）以下者，且接尘浓度达到国家卫生标准，可以不随访。

第九节 矽肺及其他尘肺病

矽肺(silicosis)是由于在生产过程中长期吸入游离二氧化硅粉尘而引起的以肺部弥漫性纤维化为主的全身性疾病。矽肺是尘肺病中危害最严重的一种。我国矽肺病例占尘肺病总病例的的40%左右,位居第二。

在自然界中,游离二氧化硅分布很广,在16km以内的地壳内约占5%,在95%的矿石中均含有数量不等的游离二氧化硅。游离二氧化硅含量超过10%的无机粉尘,俗称为矽尘。石英中的游离二氧化硅达99%,故常以石英尘作为矽尘的代表。游离二氧化硅按晶体结构分为结晶型、隐晶型和无定型3种。结晶型二氧化硅的硅氧四面体排列规则,如石英、鳞石英,存在于石英石、花岗岩或夹杂于其他矿物内的硅石。隐晶型二氧化硅的硅氧四面体排列不规则,主要有玛瑙、火石和石英玻璃。无定型二氧化硅主要存在于硅藻土、硅胶和蛋白石、石英熔炼产生的二氧化硅蒸气中凝结的气溶胶中。

游离二氧化硅在不同温度和压力下,硅氧四面体形成多种同素异构体,随着稳定温度的升高,硅氧四面体依次为石英、鳞石英、方石英、柯石英、超石英和人工合成凯石英。正是由于这种特性,在工业生产热加工时,其晶体结构会发生改变。制造硅砖时,石英经高温焙烧转化为方石英和鳞石英,以硅酸盐为原料制造瓷器和黏土砖,焙烧后可含有石英、方石英和鳞石英。硅藻土焙烧后部分转化为方石英。

一、接触游离二氧化硅粉尘的主要作业

接触游离二氧化硅粉尘的作业非常广泛,遍及国民经济建设的许多领域,如:①各种金属、非金属、煤炭等矿山采掘作业中的凿岩、掘进、爆破、运输等;②修建公路、铁路、水利电力工程开挖隧道;③采石、建筑、交通运输等行业和作业;④冶炼厂、石粉厂、玻璃厂、耐火材料厂等冶金、制造、加工业的生产过程中的原料破碎、研磨、筛分、配料等工序;⑤机械制造业铸造车间的原料粉碎、配料、铸型、打箱、清砂、喷砂等生产过程。陶厂原料准备、珠宝加工、石器加工等均能产生大量含游离二氧化硅的粉尘。通常将接触含10%以上游离二氧化硅粉尘的作业,称为矽尘作业。

二、影响矽肺发病的主要因素

矽肺发病与粉尘中游离二氧化硅含量、二氧化硅类型、分散度、接尘工龄、防护措施和接触者个体因素有关。

粉尘中游离二氧化硅含量越高,发病时间越短,病变越严重,各种不同石

英变体致纤维化能力依次为：鳞石英＞方石英＞石英＞柯石英＞超石英。晶体结构不同,致纤维化能力各异,依次为结晶型＞隐晶型＞无定型。

矽肺的发生发展及病变程度还与肺内粉尘蓄积量有关。肺内粉尘蓄积量主要取决于粉尘浓度、分散度、接尘时间和防护措施等。空气中粉尘浓度越高,分散度越大,接尘工龄越长,再加上防护措施差,吸入并蓄积在肺内的粉尘量就越大,越易发生矽肺,病情越严重。

工人的个体因素如年龄、营养、遗传、个体易感性、个人卫生习惯以及呼吸系统疾患对矽肺的发生也起一定作用。既往患有肺结核,尤其是接尘期间患有活动性肺结核,其他慢性呼吸系统疾病者易罹患矽肺。

矽肺发病一般比较缓慢,接触较低浓度游离二氧化硅15~20年后才发病。但发病后,即使脱离粉尘作业,病变仍可继续发展。少数由于持续吸入高浓度、高游离二氧化硅含量的粉尘,经1~2年即发病者,称为"速发型矽肺"。还有些接尘者,虽接触较高浓度矽尘,但在脱离粉尘作业时X线胸片未发现明显异常,或发现异常但尚不能诊断为矽肺,在脱离接尘作业若干年后被诊断为矽肺,称为"晚发型矽肺"。

三、矽肺病理改变

矽肺病例尸检肉眼观察,可见肺体积增大,晚期肺体积缩小,一般含气量减少,色灰白或黑白,呈花岗岩样。肺重量增加,入水下沉。触及表面有散在、孤立的结节如砂粒状,肺弹性丧失,融合团块处质硬似橡皮。可见胸膜粘连、增厚。肺门和支气管分叉处淋巴结肿大,色灰黑,背景夹杂玉白色条纹或斑点。

矽肺的基本病理改变是矽结节形成和弥漫性间质纤维化,矽结节是矽肺特征性病理改变。矽肺病理形态可分为结节型、弥漫性间质纤维化型、矽性蛋白沉积和团块型。

1. 结节型矽肺 由于长期吸入游离二氧化硅含量较高的粉尘而引起的肺组织纤维化,典型病变为矽结节。肉眼观察,矽结节稍隆起于肺表面呈半球状,在肺切面多见于胸膜下和肺组织内,大小约为1~5mm。镜下观察,可见不同发育阶段和类型的矽结节。早期矽结节胶原纤维细且排列疏松,间有大量尘细胞和成纤维细胞。结节越成熟,胶原纤维越粗大密集,细胞越少,终至胶原纤维发生透明性变,中心管腔受压,成为典型矽结节。典型矽结节横断面似葱头状,外周是多层紧密排列呈同心圆状的胶原纤维,中心或偏侧为一闭塞的小血管或小支气管。有的矽结节以缠绕成团的胶原纤维为核心,周围是呈漩涡状排列的尘细胞、尘粒及纤维性结缔组织。粉尘中游离二氧化硅含量越高,矽结节形成时间越长,结节越成熟、典型。有的矽结节直径虽很小,但很成熟,出现中心钙盐沉着,多见于长期吸入低浓度高游离二氧化硅含量粉尘进展缓慢的病例。淋巴结内也可见矽结节。

2. 弥漫性间质纤维化型矽肺 见于长期吸入的粉尘中游离二氧化硅含量较低,或游离二氧化硅含量较高,但吸入量较少的病例。病变进展缓慢,特点是在肺泡、肺小叶间隔及小血管和呼吸性细气管周围,纤维组织呈弥漫性增生,相互连接呈放射状、星芒状,肺泡容积缩小,有时形成大块纤维化,其间夹杂粉尘颗粒和尘细胞。

3. 矽性蛋白沉积 病理特征为肺泡腔内有大量蛋白分泌物,称之为矽性蛋白,随后可伴有纤维增生,形成小纤维灶乃至矽结节。多见于短期内接触高浓度、高分散度的游离二氧化硅粉尘的年轻工人,又称急性矽肺。

4. 团块型矽肺 由上述类型矽肺进一步发展,病灶融合而成。矽结节增多、增大、融合,其间继发纤维化病变,融合扩展而形成团块状。该型多见于两肺上叶后段和下叶背段。肉眼观察,病灶为黑或灰黑色,索条状,呈圆锥、梭状或不规则形,界限清晰,质地坚硬。切面可见原结节轮廓、索条状纤维束、薄壁空洞等病变。镜下除可观察到结节型、弥漫性间质纤维化型病变、大量胶原纤维增生及透明性变外,还可见被压神经、血管及所造成的营养不良性坏死,薄壁空洞及钙化病灶。萎缩的肺泡组织泡腔内充满尘细胞和粉尘,周围肺泡壁破裂呈代偿性肺气肿,贴近胸壁形成肺大泡。胸膜增厚,广泛粘连。病灶如被结核菌感染,形成矽肺结核病灶。

矽肺结核的病理特点是既有矽肺又有结核病变。镜下观察,中心为干酪样坏死物,在其边缘有数量不多的淋巴细胞、上皮样细胞和不典型的结核巨细胞,外层为环形排列的多层胶原纤维和粉尘。也可见到以纤维团为结节的核心,外周为干酪样坏死物和结核性肉芽组织。坏死物中可见大量胆固醇结晶和钙盐颗粒,多见于矽肺结核空洞,呈洞状,壁厚不规则。多数矽肺病例,由于长期吸入混合性粉尘,兼有结节型和弥漫性间质纤维化型病变,难分主次,称混合型矽肺。有些严重病例兼有团块型病变。

四、矽肺的临床表现与诊断

1. 临床表现

(1)症状与体征:肺的代偿功能很强,矽肺患者可在相当长时间内无明显自觉症状,但X线胸片上已呈现较显著的矽肺影像改变。随着病情的进展,或有并发症时,可出现胸闷、气短、胸痛、咳嗽、咳痰等症状和体征,无特异性,虽可逐渐加重,但与胸片改变并不一定平行。

(2)X线胸片表现:矽肺X线胸片影像是肺组织矽肺病理形态在X线胸片的反映,是"形"和"影"的关系,与肺内粉尘蓄积、肺组织纤维化的病变程度有一定相关关系,但由于多种原因的影响,并非完全一致。这种 X 线胸片改变表现为 X 射线通过病变组织和正常组织对 X 线吸收率的变化,呈现发"白"的圆形或不规则形小阴影,作为矽肺诊断。X 线胸片上其他影像,如肺门变化、肺气肿、肺纹理和胸膜变化,对矽肺诊断也有参考价值。

1)圆形小阴影:是矽肺最常见和最重要的一种 X 线表现形态,其病理基础以结节型矽肺为主,呈圆形或近似圆形,边缘整齐或不整齐,直径小于 10mm,按直径大小分为 p(＜1.5mm)、q(1.5~3.0mm)、r(3.0~10mm)3 种类型。p 类小阴影主要是不太成熟的结节或非结节性纤维化灶的影像,q、r 类小阴影主要是成熟和较成熟的矽结节,或为若干个小矽结节的影像重叠。圆形小阴影早期多分布在两肺中下区,随病变进展,数值增多,直径增大,密集度增加,波及两上肺区。

2)不规则形小阴影:多为接触游离二氧化硅含量较低的粉尘所致,病理基础主要是肺间质纤维化。表现为粗细、长短、形态不一的致密阴影。阴影之间可互不相连,或杂乱无章的交织在一起,呈网状或蜂窝状,致密度多持久不变或缓慢增高。按其宽度可分为 s(＜1.5mm)、t(1.5~3.0mm)、u(3.0~10mm)3 种类型。早期也多见于两肺中下区,弥漫分布,随病情进展而逐渐波及肺上区。

3)大阴影:指长径超过 10mm 的阴影,为晚期矽肺的重要 X 线表现,形状有长条形、圆形、椭圆形或不规则形,病理基础是团块状纤维化。大阴影的发展可由圆形小阴影增多、聚集,或不规则小阴影增粗、靠拢、重叠形成。多在两肺上区出现,逐渐融合成边缘较清楚、密度均匀一致的大阴影,常对称,形态多样,呈"八"字形等,也有先在一侧出现;大阴影周围一般有肺气肿带的 X 线表现。

4)胸膜变化:胸膜粘连增厚,先在肺底部出现,可见肋膈角变钝或消失;晚期膈面粗糙,由于肺纤维组织收缩和膈胸膜粘连,呈"天幕状"阴影。

5)肺气肿:多为弥漫性、局限性、灶周性和泡性肺气肿,严重者可见肺大疱。

6)肺门和肺纹理变化:早期肺门阴影扩大,密度增高,边缘模糊不清,有时可见淋巴结增大,包膜下钙质沉着呈蛋壳样钙化,肺纹理增多或增粗变形。晚期肺门上举外移,肺纹理减少或消失。

(3)肺功能变化:矽肺早期即有肺功能损害,但由于肺脏的代偿功能很强,临床肺功能检查多属正常。随着病变进展,肺组织纤维化进一步加重,肺弹性下降,则可出现肺活量及肺总量降低。伴肺气肿和慢性炎症时,时间肺活量降低,最大通气量减少,所以矽肺患者的肺功能以混合性通气功能障碍多见。当肺泡大量损害、毛细血管壁增厚时,可出现弥漫功能障碍。

2. 并发症 矽肺常见并发症有肺结核、肺及支气管感染、自发性气胸、肺心病等。一旦出现并发症，病情进展加剧，甚至死亡。其中，最为常见和危害最大的是肺结核。矽肺合并肺结核，矽肺的病情恶化，结核难以控制，是患者死亡的最常见原因。

五、其他无机粉尘及相关尘肺病

(一)煤矿粉尘与煤工尘肺

煤是主要能源和化工原料之一，可分为褐煤、烟煤和无烟煤。煤矿生产有露天和井工开采两种方式。埋藏表浅的煤炭或裸露地表的煤炭，可采用露天开采方式。露天开采主要有表土剥离和采煤两道工序，剥离工序为清除煤层表面的覆土和岩石，这一工序无论采用何种工具，都会产生粉尘飞扬。采煤工序多采用电铲掘煤，粉尘飞扬较少。由于露天自然通风良好，飞扬的粉尘颗粒较大，对工人健康的危害较小。我国多数煤矿为井工开采，井工开采的主要工序是掘进和采煤。岩石掘进可产生大量岩石粉尘，岩石掘进工作面粉尘中游离二氧化硅多数在 30%~50%，是煤矿粉尘危害最严重的工序。采煤工作面的粉尘主要是煤尘，游离二氧化硅含量较低，多数在 5% 以下。但由于地质构造复杂多变，煤层和岩层常交错存在，所以在采煤过程中常产生大量煤岩混合尘，称为煤矽尘。随着采煤机械化程度的提高，煤的粉碎程度提高，粉尘产生量及分散度也随之增大，煤尘和煤矽尘是仅次于矽尘的对工人健康造成明显危害的煤矿粉尘。

煤工尘肺（coal workers pneumoconiosis，CWP）是指煤矿作业工人长期吸入生产性粉尘所引起的尘肺的总称。煤矿生产的工种和工序比较多，不同工种和工序的工作面空气中粉尘性质不同，工人接触粉尘的情况亦各不相同。在煤矿开采过程中由于工种不同，工人可分别接触煤尘、煤矽尘和矽尘，从而引起肺的弥漫性纤维化，统称之为煤工尘肺。煤工尘肺大约占尘肺病总数的50% 以上，位居第一。

煤工尘肺有 3 种类型，在岩石掘进工作面工作的工人，包括凿岩工及其辅助工、装渣工、放炮工等接触岩石粉尘，粉尘中游离二氧化硅含量都在 10% 以上，平均在 40% 左右，均为矽尘，如果这些工人没有在采煤工作面工作过，或者是只工作过很短时间，其所患尘肺应称为矽肺，病理上有典型的矽结节改变，发病工龄短，进展快，危害严重，约占煤工尘肺患者总数的 20%~30%。采煤工作面的打眼工、采煤机手、回采工、地面煤仓装卸工等，主要接触单纯性煤尘（煤尘中二氧化硅含量在 5% 以下），如果他们一直从事采煤工作，没有在岩石掘进工作面工作过，其患尘肺为煤肺（anthracosis），煤肺病理上有典型的煤尘灶或煤尘纤维灶以及灶性肺气肿，发病工龄多在 20~30 年以上，病情进展缓慢,危害较轻。既在岩石掘进工作面工作,也在采煤工作面工作过的工人,他们接触煤矽尘或既接触矽尘,又接触过煤尘,其尘肺在病理上往往兼有矽肺和煤肺的特征,这类尘肺可称之为煤矽肺(anthracosilicosisi),是我国煤工尘肺最常见的类型,发病工龄多在15~20年左右,病情发展较快,危害较重。

1. 病理改变

煤工尘肺的病理改变随吸入的矽尘与煤尘的比例不同而有所差异,除了凿岩工所患矽肺外,基本上属混合型,多兼有间质性弥漫纤维化和结节型两种特征。主要病理改变有:

(1)煤斑:又称煤尘灶,是煤工尘肺最常见的原发性特征性病变,是病理诊断的基础指标。肉眼观察呈灶状,色黑,质软,直径2~5mm,圆或不规则形,境界不清,多在肺小叶间隔和胸膜交角处,呈网状或条索状分布。镜下所见:肉眼看到的煤斑,在显微镜下是由很多的煤尘细胞灶和煤尘纤维灶组成。煤尘细胞灶是由数量不等的煤尘以及吞噬了煤尘的巨噬细胞,聚集于肺泡、肺泡壁、细小支气管和血管周围形成的,特别是在呼吸性细支气管的管壁及其周围肺泡最为常见。根据细胞和纤维成分的多少,又分别称为煤尘细胞灶和煤尘纤维灶,后者由前者进展而来。随着病灶的发生发展出现纤维化,早期以网状纤维为主,后期可有少量的胶原纤维交织其中,构成煤尘纤维灶。

(2)灶周肺气肿:是煤工尘肺病理的又一特征。煤工尘肺常见的肺气肿有两种:一种是局限性肺气肿,为散在分布于煤斑旁的扩大气腔,与煤斑共存。另一种是小叶中心性肺气肿,在煤斑的中心或煤尘灶的周边,有扩张的气腔,居小叶中心,称为小叶中心性肺气肿,这是由于煤尘和尘细胞在Ⅱ级呼吸性细支气管周围堆积,使管壁平滑肌等结构受损,从而导致灶周肺气肿的形成。如果病变进一步发展,向肺泡道、肺泡管及肺泡扩展,即波及全小叶形成全小叶肺气肿。

(3)煤矽结节:肉眼观察呈圆形或不规则形,大小为2~5mm或稍大,色黑,质坚实。在肺切面上稍向表面凸起。镜下观察可见到两种类型,典型煤矽结节其中心部由漩涡样排列的胶原纤维构成,可发生透明样变,胶原纤维之间有明显煤尘沉着,周边则有大量煤尘细胞、成纤维细胞、网状纤维和少量的胶原纤维,向四周延伸呈放射状;非典型煤矽结节无胶原纤维核心,胶原纤维束排列不规则并较为松散,尘细胞分散于纤维束之间。吸入粉尘中含游离二氧化硅高者,也可见部分典型矽结节。

(4)弥漫性纤维化:在肺泡间隔、小叶间隔、小血管和细支气管周围和胸膜下,出现程度不同的间质细胞和纤维增生,并有煤尘和尘细胞沉着,间质增宽变厚,晚期形成粗细不等的条索和弥漫性纤维网架,肺间质纤维增生。

(5)大块纤维化:又称为进行性块状纤维化(progressive massive fibrosis,

PMF），是煤工尘肺晚期的一种表现，但不是晚期煤工尘肺的必然结果。肺组织出现 $2cm \times 2cm \times 1cm$ 的一致性致密的黑色块状病变，多分布在两肺上部和后部，右肺多于左肺。病灶呈长梭形、不整形，少数似圆形，边界清楚，也就是通常 X 线表现所谓的融合块状阴影。镜下观察，其组织结构有两种类型，一种为弥漫性纤维化，在大块纤维组织中和大块病灶周围有很多煤尘和煤尘细胞，而见不到结节改变；另一种为大块纤维化病灶中可见煤矽结节，但间质纤维化和煤尘仍为主要病变。煤工尘肺的大块纤维化与矽肺融合团块不同，在矽肺融合团块中结节较多，间质纤维化相对较少。有时在团块病灶中见到空洞形成，洞内积聚墨汁样物质，周围可见明显代偿性肺气肿，在肺的边缘也可发生边缘性肺气肿。

另外，胸膜呈轻度至中等度增厚，在脏层胸膜下，特别是与小叶间隔相连处有数量不等的煤尘、煤斑、煤矽结节等。肺门和支气管旁淋巴结多肿大，色黑质硬，镜下可见煤尘、煤尘细胞灶和煤矽结节。

（6）含铁小体：含铁小体是由单层界膜包绕的，内含大量含铁颗粒的残余小体。光镜下含铁小体中心具有一条黑色或透明遮光性强的纤维状轴心，周边由金黄色的铁蛋白完全或部分包裹，普鲁士蓝铁染色呈阳性，着蓝色。含铁小体大小不一，平均长度 $40.26\mu m$（$10.4 \sim 110.5\mu m$），呈多形外观，最常见为哑铃状、串珠状、钉子状和棒状，也有呈不规则花束样。纤维轴心呈直形、弯形或分枝状，轴心外围包绕铁蛋白。

含铁小体在肺内分布广泛，多游离存在。一般靠近胸膜，最多见于肺泡腔内，亦见于肺泡管、呼吸性细支气管，细支气管及小支气管腔中偶见含铁小体正穿过肺泡孔。在肺炎、肺水肿液及细支气管黏液栓中也可查见。在尘肺病变中，典型及非典型煤矽结节、煤矽结核结节、尘性纤维化的肺胸膜、小叶间隔、肺泡隔及大块纤维化中均可查见含铁小体。无尘肺者含铁小体检出率与平均数明显低于尘肺者，且随着尘肺病变加重，含铁小体的数量有增加的趋势。在北京地区煤矿工人尸检肺组织中查见含铁小体，检出率达 83.8%。

含铁小体的形成与巨噬细胞及多形核巨细胞有关，是巨噬细胞及多形核巨细胞吞噬纤维性尘粒后在细胞内形成的。分析表明含铁小体主要以 Al、Si、K、S、Ca、Fe 为主，其构成与尘肺肺组织的灰分元素一致，故又称煤小体。含铁小体的发现有助于解释某些煤田粉尘中游离二氧化硅含量近似，但引起的病变却轻重不一的现象。

2. 临床表现与诊断

（1）症状、体征和肺功能改变：患者早期一般无症状，当病变进展，尤其发展为大块纤维化或者合并支气管或肺部感染时才会出现呼吸系统症状和体征，如气短、胸痛、胸闷、咳嗽、咳痰等。从事稍重劳动或爬坡时，气短加重。

秋冬季咳嗽、咳痰增多。在合并肺部感染、支气管炎时，才可观察到相应的体征。煤工尘肺患者由于广泛的肺纤维化，呼吸道狭窄，特别是由于肺气肿导致肺泡大量破坏，肺功能测试显示通气功能、弥散功能和气体交换功能都有减退或障碍。

（2）X线胸片影像：煤工尘肺X线表现也是其病理改变在胸片上的反映，煤工尘肺无论是煤矽肺还是煤肺，X线上主要表现为圆形小阴影、不规则形小阴影和大阴影，还有肺纹理和肺门阴影的异常变化，但多缺乏特异性。

1）圆形小阴影：煤工尘肺X线表现以圆形小阴影为主者较为多见，多为p类和q类圆形小阴影。其病理基础是矽结节、煤矽结节及煤尘纤维灶。圆形小阴影的形态、数量和大小往往与患者长期从事的工种即与接触粉尘的性质和浓度有关。纯掘进工患者可为典型矽肺表现；以掘进作业为主，接触含游离二氧化硅较多的混合性粉尘患者，以典型的小阴影居多；以采煤作业为主的工人主要接触煤尘并混有少量岩尘，所患尘肺胸片上圆形小阴影多不太典型，边缘不整齐，呈星芒状，密集度低。圆形小阴影最早出现在右中肺区，其次为左中、右下肺区，左下及两上肺区出现的较晚。随着尘肺病变的进展，圆形小阴影的直径增大、增多、密集度增加，分布范围扩展，可布满全肺。煤肺患者胸片主要以小型类圆形阴影为多见。

2）不规则形小阴影：较圆形小阴影少，多呈网状，有的密集呈蜂窝状，致密度不高。其病理基础为煤尘灶、弥漫性间质纤维化、细支气管扩张、肺小叶中心性肺气肿。

3）大阴影：矽肺和煤矽肺患者胸片上可见到大阴影，胸片动态观察可看到大阴影多是由小阴影增大、聚集、融合而形成；也可由少量斑片、条索状阴影逐渐相连并融合呈条带状。周边肺气肿比较明显，形成边缘清楚、密度较浓、均匀一致的大阴影。多在两肺上、中区出现，左右对称。煤肺患者晚期罕见大阴影。

此外，煤工尘肺的肺气肿多为弥漫性、局限性和泡性肺气肿。泡性肺气肿表现为成堆小泡状阴影，直径为1~5mm，即所谓"白圈黑点"，晚期可见到肺大泡。肺门阴影增大，密度增高，有时还可见到淋巴结蛋壳样钙化或桑葚样钙化阴影。胸膜增厚、钙化改变者较少见，但常可见到肋膈角闭锁及粘连。

3. 预防控制措施

（1）职业卫生标准：2010年国家煤矿安全监察局在《煤矿作业场所职业危害防治规定（第73号）》（简称"规定"）中将煤矿粉尘的职业接触限值定为：游离二氧化硅含量≤5%的煤尘，呼吸性粉尘浓度为5.0mg/m³；游离二氧化硅含量5%~10%，11%~29%、30%~49%、≥50%的岩尘，呼吸性粉尘浓度分别为2.5mg/m³、1.0mg/m³、0.5mg/m³、0.2mg/m³。将呼吸性粉尘浓度超过接触限值10倍以上20倍以下且未采取有效治理措施的,比照一般事故进行处理。呼吸性粉尘浓度超过接触限值20倍以上且未采取有效治理措施的,比照较大事故进行调查处理。

（2）粉尘检测

1）采样点布置:"规定"中粉尘监测采样点的选择和布置要求见表3-3:

表3-3 煤矿作业场所测尘点的选择和布置要求

类别	生产工艺	测尘点布置
采煤工作面	司机操作采煤机、打眼、人工落煤及攉煤	工人作业地点
	多工序同时作业	回风巷距工作面10~15m处
掘进工作面	司机操作掘进机、打眼、装岩（煤）、锚喷支护	工人作业地点
	多工序同时作业（爆破作业除外）	距掘进头10~15m回风侧
其他场所	翻罐笼作业、巷道维修、转载点	工人作业地点
露天煤矿	穿孔机作业、挖掘机作业	下风侧3~5m处
	司机操作穿孔机、司机操作挖掘机、汽车运输	操作室内
地面作业场所	地面煤仓、储煤场、输送机运输等处生产作业	作业人员活动范围内

2）监测周期:"规定"中粉尘监测应当符合下列要求:①总粉尘浓度,煤矿井下每月测定2次或者采用实时在线监测,地面及露天煤矿每月测定1次或者采用实时在线监测;②呼吸性粉尘浓度每月测定1次;③粉尘分散度每6个月监测1次;④粉尘中游离SiO_2含量,每6个月测定1次,在变更工作面时也应当测定1次。

3）粉尘监测人员及设备配备:煤矿应当使用粉尘采样器、直读式粉尘浓度测定仪等仪器设备进行粉尘浓度的测定。井工煤矿的采煤工作面回风巷、掘进工作面回风侧应当设置粉尘浓度传感器,并接入安全监测监控系统。

（3）防尘降尘措施:"规定"中要求①矿井必须建立完善的防尘洒水系统。永久性防尘水池容量不得小于200m³,且贮水量不得小于井下连续2小时的用水量,并设有备用水池,其贮水量不得小于永久性防尘水池的一半。防尘管路应铺设到所有可能产生粉尘和沉积粉尘的地点,管道的规格应保证各用水点的水压能满足降尘需要,且必须安装水质过滤装置,保证水质清洁。②掘进井巷和硐室时,必须采用湿式钻眼,冲洗井壁巷帮,使用水炮泥,爆破过程中采用高压喷雾(喷雾压力不低于 8MPa)或压气喷雾降尘、装岩(煤)洒水和净化风流等综合防尘措施。③在煤、岩层中钻孔,应采取湿式作业。煤(岩)与瓦斯突出煤层或软煤层中瓦斯抽放钻孔难以采取湿式钻孔时,可采取干式钻孔,但必须采取捕尘、降尘措施,其降尘效率不得低于 95%,并确保捕尘、降尘装置能在瓦斯浓度高于 1% 的条件下安全运行。④炮采工作面应采取湿式钻眼法,使用水炮泥;爆破前、后应冲洗煤壁,爆破时应采用高压喷雾(喷雾压力不低于 8MPa)或压气喷雾降尘,出煤时应当洒水降尘。⑤采煤机必须安装内、外喷雾装置,内喷雾压力不得低于 2MPa,外喷雾压力不得低于 4MPa,如果内喷雾装置不能正常使用,外喷雾压力不得低于 8MPa。无水或喷雾装置不能正常使用时,必须停机;液压支架必须安装自动喷雾降尘装置,实现降柱、移架同步喷雾;破碎机必须安装防尘罩,并加装喷雾装置或用除尘器抽尘净化。放顶煤采煤工作面的放煤口,必须安装高压喷雾装置(喷雾压力不低于 8MPa)。掘进机掘进作业时,应使用内、外喷雾装置和除尘器构成的综合防尘系统,并对掘进头含尘气流进行有效控制。⑥采掘工作面回风巷应安设至少 2 道自动控制风流净化水幕。⑦井下煤仓放煤口、溜煤眼放煤口以及地面带式输送机走廊,都必须安设喷雾装置或除尘器,作业时进行喷雾降尘或用除尘器除尘。其中煤仓放煤口、溜煤眼放煤口采用喷雾降尘时,喷雾压力不得低于 8MPa。⑧预先湿润煤体。煤层注水过程中应当对注水流量、注水量及压力等参数进行监测和控制,单孔注水总量应使该钻孔预湿煤体的平均水分含量增量不得低于 1.5%,封孔深度应保证注水过程中煤壁及钻孔不漏水或跑水。在厚煤层分层开采时,应采取在上一分层的采空区内灌水,对下一分层的煤体进行湿润。⑨锚喷支护防尘。打锚杆眼应实施湿式钻孔。锚喷支护作业时,沙石混合料颗粒的粒径不得超过 15mm,且应在下井前洒水预湿。距离锚喷作业点下风流方向 100m 内,应设置 2 道以上风流净化水幕,且喷射混凝土时工作地点应采用除尘器抽尘净化。⑩转载及运输防尘。转载点落差应小于 0.5m,若超过 0.5m,必须安装溜槽或导向板。各转载点应实施喷雾降尘(喷雾压力应大于 0.7MPa)或采用密闭尘源除尘器抽尘净化措施。在装煤点下风侧 20m 内,必须设置一道风流净化水幕。运输巷道内应设置自动控制风流净化水幕。⑪露天煤矿钻孔作业时,应采取湿式钻孔;破碎作业时应采取密闭、通风除尘措施;应加强对钻机、电铲、汽车等司机操作室的防护;电铲装车前,应对煤(岩)洒水,卸煤时应设喷雾装置;运输路面应经常洒水,加强维护,保持路面平整。

(4)监督检查:地方各级煤矿安全监管部门是本地区煤矿职业危害防治的日常监督管理机构。各级煤矿安全监察机构对煤矿职业危害防治工作依法履行国家监察职能。

(二)硅酸盐尘与硅酸盐尘肺

硅酸盐(silicate)是由二氧化硅、金属氧化物和结合水组成的矿物,按其来源分天然(如石棉、滑石、云母等)和人造(如玻璃纤维、水泥等)两种。按形状可分为纤维状(如石棉、滑石、玻璃纤维等)和非纤维状(如云母、水泥等)。纤维状粉尘是指纵横径比 > 3∶1 的尘粒,其中直径 < 3μm、长径 > 5μm 的纤维称为可吸入性纤维(respirable fibers),直径 ≥ 3μm、长径 > 5μm 的纤维称为非可吸入性纤维粉尘(non-respirable fibers)。

在生产环境中长期吸入硅酸盐尘所致的尘肺病,统称为硅酸盐肺。职业病名单中的硅酸盐肺包括石棉肺、滑石尘肺、云母尘肺和水泥尘肺。石棉肺是其中最常见、危害最严重的一种。

由于致病因素的相似理化特性,硅酸盐肺具有一些共同的特点,主要有:①肺组织病理改变主要为弥漫性肺间质纤维化。② X 线胸片表现以不规则小阴影并交织呈网状为主。③患者自觉症状和体征常较明显,肺功能改变出现较早。早期主要表现为气道阻塞和进行性肺容量降低,晚期可出现"限制性综合征"及气体交换功能障碍。④并发症以气管炎、肺部感染、胸膜炎为多见,肺结核的合并率较矽肺低。其中石棉肺还可合并肺癌及间皮瘤。

石棉肺(asbestosis)是指生产过程中长期吸入石棉粉尘所引起的以肺组织纤维化为主的疾病。

1. 石棉的理化特性 石棉(asbestos)是一种具有纤维结晶状结构的硅酸盐矿物,石棉有较好的机械性能,柔韧不易断裂,是电、热的不良导体;耐酸碱、绝缘、防火、防腐蚀,具有很好的理化特性和工艺性能,工业用途达 3000 种以上。

2. 石棉的种类 按其晶体结构和化学成分,可将石棉分为蛇纹石类和闪石类两种。蛇纹石类主要为温石棉,为银白色片状结构,并形成中空的管状纤维丝,单根直径 1μm 的细丝,可分成 1000 根以上的细丝。一般径粗 10~60μm,长 2~5mm,甚至长达 150cm。柔软、可弯曲,适于纺织。温石棉使用量占世界全部石棉产量的 95% 以上。闪石类为硅酸盐的链状结构,质硬而脆,主要产于南非、澳大利亚和芬兰等地,主要包括 6 种:青石棉(蓝石棉)、铁石棉、直闪石、透闪石、阳起石、角闪石,其中青石棉和铁石棉的开采和使用量最大。

3. 接触机会 石棉的主要接触作业是其开采、加工和使用过程,如石棉矿采矿、选矿、纺织、建筑、造船、耐火材料、保温材料、绝缘材料、刹车片等的制造和使用。

4. 石棉的吸入及归宿 石棉粉尘为纤维状粉尘,吸入呼吸道后,大多数较长的石棉纤维在支气管分叉处易被截留,温石棉纤维多在呼吸细支气管以上部位沉积。直而硬的闪石类纤维截留于肺泡，吸入肺泡的石棉纤维大多被巨噬细胞吞噬，长度＜5μm 的纤维可被完全吞噬，一根长纤维可由两个或多个细胞同时吞噬。吞噬后大部分由黏液纤毛系统排出，小部分沉积于呼吸性支气管和肺泡腔，其中部分进入肺间质经淋巴系统廓清，还有少部分可穿过肺组织到达胸膜，另外还有少量可进入血液循环移行到各组织中。

5. 石棉肺的发病机制 发病机制尚不明确，主要有纤维机械刺激学说和细胞毒性学说等。

（1）物理作用：石棉纤维易穿透肺组织引起原发损伤，导致弥漫性纤维组织增生，引起胸膜增厚，胸膜钙化，形成胸膜斑。

（2）细胞毒作用：石棉表面的镁离子及正电荷作用于巨噬细胞的膜性结构，使膜的通透性增高，溶酶体酶释放，使细胞崩解、死亡。另外此过程释放的酶类和炎性介质可刺激巨噬细胞产生自由基，导致脂质过氧化作用增强，造成细胞氧化性损伤，最终导致肺泡结构破坏，进而形成不可逆的纤维化改变。

6. 石棉肺的病理改变 石棉肺主要病理改变是肺间质弥漫性纤维化，胸膜增厚和胸膜斑是石棉肺主要病理特征之一，石棉肺组织切片中可见铁反应阳性的石棉小体。

纤维化以两肺下区为重。石棉纤维主要沉积于呼吸细支气管及其相邻的部位，早期大量中性粒细胞渗出，伴有浆液纤维素进入肺泡腔内，基底膜肿胀，呼吸细支气管上皮细胞坏死脱落，成纤维细胞通过基底膜和损伤上皮向腔内生长延伸，与巨噬细胞一起形成肉芽肿，逐渐产生网状纤维和胶原纤维，诱发纤维化性呼吸细支气管肺泡炎。后随病情进展，纤维化向纵深扩展，呼吸细支气管周围及其远端受累肺泡增多，突破小叶范围，发展为弥漫性间质纤维化，晚期形成广泛的胸膜下纤维融合。胸膜斑（局限性胸膜增厚）是石棉接触者特征性的病变，表现为壁层胸膜局限性增厚，潜伏期一般 10~20 年以上，镜下可见斑块由玻璃样变的胶原纤维束层平行排列，可见钙化，在胸膜斑中可检出石棉小体及裸纤维。胸膜斑主要在壁层形成，最常见于脊柱两侧胸壁和膈肌中心腱。

石棉小体（asbestos body）是石棉纤维被巨噬细胞吞噬后，由一层含铁蛋白颗粒和酸性黏多糖包裹沉积于石棉纤维所形成，铁反应呈阳性，故又称含铁小体（ferruginous body）。石棉小体一般长度为 30~50μm，粗 2~5μm，金黄色，典型者呈哑铃状、鼓槌状，分节或念珠样结构，轴心为石棉丝，位于肺泡或呼吸支气管腔内，或包埋在纤维化病灶中。肺内查见石棉小体可作为吸入石棉的标志，但并非疾病的证据。

7. 石棉肺的临床表现

（1）症状和体征：自觉症状出现较矽肺早，主要为咳嗽和呼吸困难。体征是双侧下肺区可闻及捻发音,随病情加重,捻发音可扩展至中上肺区。杵状指(趾)可出现在石棉肺晚期,随着病变加重而趋于明显;杵状指(趾)加剧,可能是合并肺癌的信号,预后不良。

(2)肺功能改变:肺活量进行性降低,并早于X线胸片改变。

(3)X线胸片表现:主要表现为不规则小阴影和胸膜改变。由于网影的出现和胸膜的改变,使肺野透明度降低,尤其是下肺区和近基底部尤为明显,呈毛玻璃样外观。

1)不规则小阴影:早期多在两肺下区近肋膈角处出现密集度较低的不规则小阴影,随着病情进展而增多增粗,呈网状并逐渐扩展至肺中区,但很少到达肺上区。

2)胸膜改变:包括胸膜增厚、胸膜斑和胸膜钙化。胸膜斑是石棉肺主要表现之一,多分布在双下肺侧胸壁6~10肋间,不累及肺尖和肋膈角,不发生粘连。若纵膈胸膜增厚并与心包膜和肺组织纤维化交叉重叠,可使心缘轮廓不清,形成"蓬发状心",是叁期石棉肺的重要诊断依据之一。

(4)并发症:肺内非特异性感染是石棉肺的主要并发症,但合并肺结核者比矽肺要少;由于反复感染,可导致肺心病甚至心力衰竭,较矽肺患者多见且症状较严重;另外石棉肺还可并发恶性肿瘤,特别是肺癌和胸、腹膜恶性间皮瘤发病远高于普通人群和其他尘肺病患者。

8. 石棉粉尘与肿瘤 石棉纤维是公认的致癌物。特别是肺癌和胸、腹膜恶性间皮瘤发病远高于普通人群和其他尘肺病患者。石棉诱发肺癌发病潜伏期一般是15~20年。据估计世界上总数约40万重度石棉接触工人中,至少16万(35%~44%)将预期死于与石棉有关的癌症(非石棉接触的人群死于癌症的预期值仅8%~9%)。其中,约25%死于肺癌,7%~10%死于胸或腹膜间皮瘤。

(1)肺癌:石棉致肺癌的病理类型以外周型腺癌为多见,常见于两肺下叶的纤维化区域。影响石棉诱发肺癌的因素主要有:①石棉粉尘接触量;②石棉纤维类型:不同类型石棉其致癌作用不同,一般认为其致癌性严重程度为青石棉>温石棉>铁石棉;③工种:肺癌发生率为选矿工和石棉加工工高于采矿工;④吸烟习惯:石棉和吸烟两者呈现协同作用,吸烟的石棉工人肺癌发生率显著高于不吸烟的接触者,更远高于普通人群(20~100倍);⑤肺内纤维化程度。

石棉的致癌作用机制主要与其下述特性有关:①石棉纤维的特殊物理性能;②吸附于石棉纤维的多环芳烃物质;③石棉中混杂的某些稀有金属或放射性物质;④吸烟等因素的协同作用。

(2)间皮瘤:在一般人群中,间皮瘤极为罕见。在石棉作业人群中,间皮瘤约占总死亡率的 10%。而间皮瘤患者中约 75%~80% 的恶性间皮瘤患者过去曾经接触过石棉,且胸膜间皮瘤患者中大约 20% 伴有石棉肺。间皮瘤可发生于胸、腹膜,以胸膜最多见,多数是在首次接触石棉后的 15~40 年期间发生。恶性间皮瘤发生与石棉类型有关,其致病强度一般为:青石棉>铁石棉>温石棉。

有关石棉纤维诱发恶性间皮瘤的机制一般认为主要是物理作用而非化学致癌,石棉纤维的粒径最为重要,粒径 < 0.25μm,长度 > 5μm,致恶性间皮瘤作用最强。石棉具有较强的致恶性间皮瘤潜能,可能与其纤维性状和多丝结构,容易断裂成巨大数量的微小纤维富集于胸膜有关。另外石棉纤维的耐久性和表面活性也是致癌的重要因素。

9. 石棉肺及相关疾病的预防 预防石棉肺和石棉有关疾病的措施主要有以下几方面:

(1)贯彻执行国家有关防止石棉纤维危害的法规:如 2008 年 2 月 1 日实施的《石棉作业职业卫生管理规范》,对石棉作业职业病防护措施和管理要求做了明确规定。要加强作业场所环境监测,严格按照国家职业卫生标准《工作场所有害因素职业接触限值 第一部分:化学有害因素》(GBZ 2.1—2007)的要求,将石棉粉尘浓度控制在职业接触限值以下。我国石棉纤维及含有 10% 以上石棉的粉尘其总尘职业接触限值为 PC-TWA $0.8mg/m^3$;纤维职业接触限值为 PC-TWA 0.8f/ml。

(2)尽量消除石棉纤维粉尘的生产和使用:用其他材料如玻璃纤维代替石棉。目前发达国家已禁止使用石棉,发展中国家也尽可能控制使用石棉。

(3)降低作业场所石棉粉尘的浓度:湿式作业抑制粉尘产生;使用局部抽出式通风除尘设备,捕集已产生的粉尘。

(4)加强健康教育,宣传吸烟危害,劝说石棉暴露工人戒烟。

(5)一些手纺石棉的生产,不准转嫁到无防护措施的乡镇企业生产。

(6)禁止未成年人直接从事石棉加工作业。

第四章
职业卫生监督管理基本职能

第一节　职业卫生监督管理法律体系

《中华人民共和国职业病防治法》由中华人民共和国第九届全国人民代表大会常务委员会第二十四次会议于 2001 年 10 月 27 日通过，自 2002 年 5 月 1 日起施行。

2011 年 12 月 31 日，第十一届全国人民代表大会常务委员会第二十四次会议审议通过了《全国人民代表大会常务委员会关于修改〈中华人民共和国职业病防治法〉的决定》，国家主席胡锦涛签署第 52 号主席令予以公布施行，进行了第一次修订。

根据 2016 年 7 月 2 日第十二届全国人民代表大会常务委员会第二十一次会议《关于修改〈中华人民共和国节约能源法〉等六部法律的决定》第二次修订。

2017 年 11 月 4 日人大常委会第三十次会议，关于修改《中华人民共和国会计法》等十一部法律的决定，表决通过了《职业病防治法》第三次修订，主席令第 81 号予以公布，2017 年 11 月 5 日起施行。

我国新的职业病防治法律法规体系，主要包括：新修订的《中华人民共和国职业病防治法》和《使用有毒物品作业场所劳动保护条例》《尘肺病防治条例》《放射性同位素与射线装置放射防护条例》等行政法规，以及《职业病诊断与鉴定管理办法》《职业健康检查管理办法》等部门规章和一系列规范性文件、国家职业卫生标准，从而建立了职业病防治工作的法律、法规、标准体系框架。

一、法律

《中华人民共和国职业病防治法》于 2002 年 5 月 1 日起施行，这是中国的第一部职业病防治的法律，该法第八条规定"国家实行职业卫生监督制度。

国务院卫生行政部门统一负责全国职业病防治的监督管理工作。国务院有关部门在各自的职责范围内负责职业病防治的有关监督管理工作。"这部法律的实施对于推动我国职业病防治工作,保护劳动者职业健康发挥了重要作用。2011年全国人大常委会对该法进行了修订,并于2011年12月31日颁布实施新修订的《中华人民共和国职业病防治法》,共7章90条。该法第九条规定"国家实行职业卫生监督制度。国务院安全生产监督管理部门、卫生行政部门、劳动保障行政部门依照本法和国务院确定的职责,负责全国职业病防治的监督管理工作。国务院有关部门在各自的职责范围内负责职业病防治的有关监督管理工作。县级以上地方人民政府有关部门在各自的职责范围内负责职业病防治的有关监督管理工作。县级以上人民政府安全生产监督管理部门、卫生行政部门、劳动保障行政部门(以下统称职业卫生监督管理部门)应当加强沟通,密切配合,按照各自职责分工,依法行使职权,承担责任。"并在具体条款中,明确了职业卫生监督管理部门(安全生产监督管理部门、卫生行政部门、劳动保障行政部门)的具体工作职责。新修订的《职业病防治法》彰显了国家对职业病防治工作的高度重视,也是针对职业病发展新趋向的重要举措,修订的主要内容体现在两个方面:

(一)职业卫生监督管理工作实施多部门,分段管理

职业卫生监督管理部门由原法的卫生行政部门,改为安全生产监督管理部门、卫生行政部门、劳动保障行政部门(统称职业卫生监督管理部门)。并按照各部门职责实施分段管理,由安全生产监督管理部门负责建设项目职业卫生审查、用人单位的职业病防治监督管理、职业病危害事故调查处理等;由卫生行政部门负责职业卫生标准制定、职业健康检查、职业病诊断的监督管理和职业病诊断争议鉴定等;由劳动保障行政部门负责劳动合同、工伤保险和职业病患者保障等。

(二)降低了职业病诊断的门槛,扩大了职业病诊断的范围

承担职业病诊断的医疗卫生机构不得拒绝劳动者进行职业病诊断的要求。用人单位解散、破产,无用人单位的劳动者可进行职业病诊断,如诊断为职业病的,可以向地方人民政府民政部门申请医疗救助和生活等方面的救助。

2016年的第二次修订,主要调整了安全生产监管部门的职责,取消了除医疗机构以外的建设项目预评价审核、职业病防护设施设计审查和竣工验收的行政审批,取消了职业病危害评价机构的资质审批。

2017年第三次修订的主要内容是:取消职业健康检查资质认可,职业病诊断无须3人以上集体诊断。

职业健康检查应当由取得《医疗机构执业许可证》的医疗卫生机构承担。卫生行政部门应当加强对职业健康检查工作的规范管理,具体管理办法由国务院卫生行政部门制定。

职业病诊断证明书应当由参与诊断的取得职业病诊断资格的执业医师签署,并经承担职业病诊断的医疗卫生机构审核盖章。

职业病诊断证明书应当由参与诊断的医师共同签署,并经承担职业病诊断的医疗卫生机构审核盖章。

删去法律责任中有关职业健康检查罚则的内容。

二、行政法规

职业卫生监督管理有关的行政法规主要有《使用有毒物品作业场所劳动保护条例》《尘肺病防治条例》《放射性同位素与射线装置安全和防护条例》《突发公共卫生事件应急条例》等,以及有关保障职业病患者权益的《工伤保险条例》。

三、部门规章和规范性文件

职业卫生监督管理的部门规章和规范性文件有《国家职业卫生标准管理办法》《职业病诊断与鉴定管理办法》(卫生部令第 91 号)、《职业健康检查管理办法》(国家卫生和计划生育委员会令第 5 号)、《职业病危害因素分类目录》《化学品毒性鉴定管理规范》等。国家安全生产监督管理总局发布的《职业病危害项目申报办法》《建设项目职业卫生"三同时"监督管理暂行办法》《职业卫生技术服务机构监督管理暂行办法》《用人单位职业健康监护监督管理办法》《工作场所职业卫生监督管理规定》《职业卫生技术服务机构专业技术人员培训考核办法》《职业卫生业务文件管理暂行办法》《建设项目职业病危害风险分类管理目录》(2012 年版)等。原卫生部、劳动和社会保障部发布的《职业病分类和目录》等。

四、国家职业卫生标准

国家职业卫生标准是指根据职业病防治法的规定,按照预防、控制和消除职业病危害,防治职业病,保护劳动者健康及其相关权益的实际需要,由法律授权部门(国务院卫生行政部门)对国家职业病防治的技术要求作出的强制性统一规范,编号统一为 GBZ。国家职业卫生标准包括:职业卫生专业基础标准;工作场所作业条件卫生标准;工业毒物、生产性粉尘、物理因素职业接触限值;职业病诊断标准;职业照射放射防护标准;职业防护用品卫生标准;职业危害防护导则;劳动生理卫生、工效学标准;职业性有害因素检测、检验方法标准等。

第二节　卫生部门职业卫生监督管理职责

一、《职业病防治法》和中央编办发〔2010〕104 号文规定卫生行政部门职业卫生监督管理的职责

1. 制定、调整并公布职业病危害因素分类目录。

2. 负责会同安全监管总局、人力资源社会保障部等有关部门拟订职业病防治法律法规、职业病防治规划，组织制定并公布有关防治职业病的国家职业卫生标准。

3. 负责职业健康检查机构监督管理。

4. 负责批准并向社会公布职业病诊断机构，负责批准职业病诊断医师资格。

5. 组织开展对职业健康检查机构、职业病诊断机构的监督检查与管理。

6. 负责对医疗机构放射性职业病危害控制的监督管理。

7. 负责化学品毒性鉴定、个人剂量监测、放射防护器材和含放射性产品检测等技术服务机构资质认定和监督管理。

8. 受理并组织职业病诊断鉴定。

9. 加强职业病医疗康复机构的建设。

10. 组织做好急性职业病危害事故的医疗救治工作。

11. 接收职业病报告并按规定处理，负责职业病报告的管理和发布，组织开展职业病防治科学研究。

12. 负责处理相关的检举和控告。

13. 组织开展重点职业病监测和专项调查，对职业健康风险进行评估；定期对本行政区域的职业病防治情况进行统计和调查分析。

14. 开展职业病防治的宣传教育，普及职业病防治的知识等，开展职业人群健康促进工作。

二、各级卫生行政部门的职责

（一）国家卫生健康行政部门

1. 拟定全国职业卫生监督政策和工作计划，并制定相应的工作制度和规范。

2. 组织实施全国职业卫生监督工作，对地方职业卫生监督工作进行指导和监督检查。

3. 开展执法稽查，对地方职业卫生监督机构和人员的执法行为进行督察。

4. 组织协调、督察督办有关大案要案的查处。

5. 组织全国职业卫生监督抽检。

6. 负责全国职业卫生监督信息的汇总分析。

7. 组织全国职业卫生监督人员培训。

8. 组织开展卫生法律法规宣传教育等。

（二）省级卫生计生行政部门

1. 拟定辖区内职业卫生监督工作计划,并制定相应的工作制度和规范。

2. 组织实施辖区内的职业卫生监督工作,对下级的职业卫生监督工作进行指导和监督检查。

3. 依法承办职责范围内的卫生行政许可、资质审批和日常职业卫生监督。

4. 承担国家职业卫生监督抽检任务,组织实施辖区内的职业卫生监督抽检。

5. 开展执法稽查,对下级职业卫生监督机构和人员的执法行为进行督察。

6. 组织协调辖区内各级职业卫生监督机构的分级管理,落实执法责任制。

7. 负责辖区内职业卫生监督人员的资格审定工作,组织开展资格考试。

8. 组织辖区内职业卫生监督人员培训。

9. 负责辖区内职业卫生监督信息的汇总、核实、分析、上报,并按照规定进行发布。

10. 组织开展卫生法律法规宣传教育。

11. 承担上级机关指定或交办的职业卫生监督事项。

（三）市、县、区级卫生计生行政部门

1. 拟定辖区内职业卫生监督工作计划,并制定相应的工作制度和规范。

2. 组织实施辖区内的职业卫生监督检查工作。

3. 依法开展日常职业卫生监督。

4. 承担省级以上机关下达职业卫生监督抽检任务,组织实施辖区内的职业卫生监督抽检。

5. 负责辖区内职业卫生监督信息的汇总、核实、分析、上报,并按照规定进行发布。

6. 组织开展卫生法律法规宣传教育。

7. 承担上级机关指定或交办的职业卫生监督事项。

第五章
职业健康检查监督管理

第一节 备 案 管 理

一、法律依据

《职业病防治法》规定，对从事接触职业病危害的作业的劳动者，用人单位应当按照国务院安全生产监督管理部门、卫生行政部门的规定组织上岗前、在岗期间和离岗时的职业健康检查，并将检查结果书面告知劳动者。职业健康检查费用由用人单位承担。职业健康检查应当由取得《医疗机构执业许可证》的医疗卫生机构承担。卫生行政部门应当加强对职业健康检查工作的规范管理，具体管理办法由国务院卫生行政部门制定。职业健康检查机构与职业健康检查医师的管理要求见表5-1。

表5-1 职业健康检查机构与职业健康检查医师的审批/管理

序号	项目	对象	审批/备案/管理机关
1	职业健康检查机构	拟备案从事职业健康检查的医疗卫生机构	省级卫生行政部门
2	职业健康检查医师	拟申请从事职业健康检查的执业医师	县级以上卫生行政部门组织培训并考核合格
3	职业健康检查主检医师	拟担任主检医师职责的职业健康检查医师	省级卫生行政部门组织培训并考核合格

二、职业健康检查机构的备案管理

职业健康检查机构是指经省级以上人民政府卫生行政部门备案，依法承担职业健康检查工作的医疗卫生机构。职业健康检查机构依法开展职业健检查工作,并对其作出的体检结论承担责任。

(一)职业健康检查机构的条件

1. 具有独立法人资格或法人授权资格。

2. 持有《医疗机构执业许可证》和《放射诊疗许可证》,职业健康检查类别和项目应当符合执业范围要求。

3. 具有相对独立的健康检查场所、候检场所和检验室,建筑总面积不少于 $400m^2$,每个独立的检查室使用面积不少于 $6m^2$,X 射线等特殊检查室使用面积按有关规定执行。

4. 具有与开展职业健康检查类别和项目相适应的医疗卫生技术人员。

5. 具有与开展职业健康检查类别和项目相适应的仪器、设备。

6. 设置职业健康检查管理部门,建立质量管理体系、制度。

(二)职业健康检查机构的职责

1. 在备案的职业健康检查项目范围内开展职业健康检查工作。

2. 报告疑似职业病。

3. 报告职业健康检查工作情况。

4. 承担《职业病防治法》中规定的其他职责。

(三)备案程序

1. 申请 医疗卫生机构申请开展职业健康检查,应当向省级卫生行政部门提交以下材料:①职业健康检查机构备案表;②法人资格证明材料复印件;③医疗机构执业和放射诊疗许可证(含副本)复印件;④与申请从事的职业健康检查类别和项目相适应的医疗卫生技术人员资料;⑤与申请职业健康检查类别和项目相适应的仪器、设备及工作场所资料;⑥职业健康检查质量管理制度有关资料;⑦省级卫生行政部门规定提交的其他资料。

2. 形式审查 按相关配套规章执行。

3. 变更 职业健康检查机构的名称、地址、法定代表人发生变化后,应及时向原备案机关申请变更。

三、职业健康检查医师的管理

职业健康检查医师是指经培训考核合格在职业健康检查机构内承担职业健康检查工作的执业医师。其中承担主检医师职责的为职业健康主检医师。

(一)职业健康检查医师的条件

1. 具有医师执业证书。

2. 具备职业病诊治专业知识并熟悉相关法律、法规、标准和技术规范。

3. 了解工作场所可能存在的职业病危害因素及其相关健康影响。

4. 按规定参加县级以上卫生行政部门组织的职业健康检查医师培训并

考核合格。

其中职业健康主检医师还应当具备的条件为：

1. 具有中级及以上卫生专业技术职务任职资格。

2. 从事职业健康检查相关工作3年以上。

3. 熟悉职业卫生和职业病诊断相关标准。

4. 参加省级卫生行政部门组织的职业健康检查主检医师培训并考核合格。

（二）职业健康检查医师的职责

1. 认真履行职责，廉洁自律。

2. 在批准的资质范围内从事职业健康检查工作，不得从事超出其资质范围的职业健康检查工作。

3. 分析劳动者的健康状况与其所从事的职业活动的关系，判断其是否有职业健康损害，是否为疑似职业病，是否有职业禁忌证，是否适合从事该工作岗位。

（三）职业健康检查医师的继续教育与培训

省、市级卫生行政部门或卫生监督机构应召开会议、组织培训班或学术交流活动，加强对职业健康检查医师的继续教育与培训，使职业健康检查医师及时了解职业病防治有关政策、法规和标准。

第二节　监督检查要点

一、分级管理职责

省级卫生行政部门每年组织对职业健康检查机构监督抽查，设区的市级卫生行政部门每年应当至少组织一次对职业健康检查机构监督检查并不定期抽查，县级卫生行政部门负责对职业健康检查机构日常监督检查。

二、监督检查的主要内容

卫生监督员进入被检查单位，通过听取医疗卫生机构负责人介绍，询问相关人员，现场查看，资料核实等方法，对下列主要内容进行监督检查：

（一）职业健康检查机构的备案情况

1. 是否按规定备案。

2. 核查该机构是否存在需要变更备案的情况，如医疗卫生机构名称、地址、法定代表人或主要负责人发生变化。

（二）是否超范围开展职业健康检查

抽查医疗卫生机构已出具的职业健康检查报告，核查体检对象和类别，职业健康检查类别分为接触粉尘、化学因素、物理因素、生物因素、放射线或放射性物质及特殊作业人员等。核查是否存在超出备案范围开展职业健康检查情况。

(三)职业健康检查机构的能力

重点检查职业健康检查机构的工作条件与备案时的比较,是否某些条件已降低或已不具备。

1. 核查人员资质变化情况 包括:①主检医师是否取得相应的职业健康检查医师资格或职业病诊断医师资格证书,证书是否有效,是否有调离、退休等情况;②抽查皮肤科、五官科、内科、放射科以及心电图、听力测定、B超等功能检查科室医师执业资格证的执业类别,核实是否有相应的资质;③执业医师数量是否能满足核准的职业健康检查类别需要。

2. 核查硬件条件变化情况 包括:①办公用房、仪器设备等是否能满足检查类别需要。按照备案时提供的仪器目录,核查实际具有的仪器设备和数量;②核查仪器设备管理台账,核实性能、量程、精度是否满足工作的需要,并能正常运行;③抽查需计量检定的仪器,核实是否按照规定开展计量检定;④委托检查项目,核查协作单位是否具备相应的条件,《委托协议》是否有效。

3. 核查组织管理变化情况 包括:①是否有专门科室负责,人员、岗位职责是否明确,管理制度是否健全,办事制度和程序是否公开,是否定期对专业人员进行培训;②相关人员是否熟悉法规标准和程序,新颁布的职业健康检查工作相关的法律、法规、标准、规范是否更新补充。

(四)职业健康检查工作的规范性

重点检查职业健康检查机构的运作是否偏离其《程序文件》或《质量手册》。

1. 检查职业健康检查工作场所是否设置"职业健康检查工作流程图"和职业健康检查注意事项等告知内容。

2. 根据所接触的职业病危害因素类别,是否按《职业健康监护技术规范》的规定确定检查项目和检查周期。包括:①检查医疗卫生机构出具的职业健康检查报告和相关记录资料,核查职业健康检查对象、体检项目的确定是否正确;②查阅医疗卫生机构和用人单位签订的职业健康检查委托协议书,核查内容包括接触职业病危害因素种类、接触人数、健康检查的人数、检查项目和检查时间、地点等,职业健康检查机构是否按照《职业健康监护技术规范》的技术要求和用人单位提供的资料确定检查人群、检查项目和检查周期。

3. 抽查质控记录表 核查医疗卫生机构质量管理部门是否有效进行质量控制。是否有接收职业健康检查登记表、化验报告、体检报告内审、体检报告送达签收等过程质量检查记录。

（五）职业健康检查报告的规范性

1. 随机抽查已出具的《职业健康体检表》，核查职业健康体检表填写的完整性和规范性　包括：①是否经用人单位和劳动者对职业史等情况的签章确认；②体检对象基本情况、体检类别、接触的职业病危害因素和时间等项目填写是否齐全；必检指标是否齐全，各检查项目结果是否填写规范并由检查医师在相应栏内签名；③主检医师在体检表上是否填写体检结论、体检结论是否规范、处理意见或建议是否符合规范等。

2. 随机抽查已出具的《职业健康检查报告书》，核查报告书的完整性和规范性　包括：①职业健康检查报告书的编号、盖章等内容是否齐全；②引用的体检、评价依据是否为最新版本，有无遗漏、错误；报告格式是否统一、规范；③职业健康检查方法是否正确，必检项目是否齐全，结论和处理意见是否确切；④报告用语、计量单位是否规范；⑤职业性损害与其他结果是否分开。

（六）职业健康检查结果的报告与告知情况

随机抽查《职业健康检查表》和《职业健康检查报告书》及相关记录（如疑似职业病报告单等），并与送达登记本进行核对。包括：①核实职业健康检查结果是否在体检结束后 30 日内出具给用人单位；②发现疑似职业病的，有无及时报告当地卫生行政和安监部门，是否及时告知劳动者本人、通知用人单位；上网核实是否完成网络报告；③是否按统计年度汇总职业健康检查结果，并将汇总材料和患有职业禁忌证、疑似职业病的劳动者名单报告用人单位所在地县级卫生行政部门。

（七）职业健康检查档案管理情况

1. 检查职业健康检查机构是否建立有效的职业健康检查档案管理制度。

2. 随机抽查职业健康检查档案　包括：①检查每份档案相关资料是否完整、齐全。档案内容包括体检合同或协议、用人单位提供的职业健康检查人员信息等资料、《职业健康检查报告书》及《疑似职业病报告单》等。②档案是否及时归档，并永久保存。

第三节　法　律　责　任

一、医疗卫生机构未经备案擅自从事职业健康检查的

适用对象：医疗卫生机构。

适用条款：配套规章相关规定。

行政处罚：配套规章相关规定。

二、职业健康检查机构超出备案范围从事职业健康检查的

适用对象：职业健康检查机构。

适用条款：配套规章相关规定。

行政处罚：配套规章相关规定。

三、职业健康检查机构不按照《职业病防治法》规定履行法定职责的

适用对象：职业健康检查机构。

适用条款：配套规章相关规定。

行政处罚：配套规章相关规定。

四、职业健康检查机构出具虚假证明文件的

适用对象：职业健康检查机构。

适用条款：配套规章相关规定。

行政处罚：配套规章相关规定。

五、职业健康检查机构发现疑似职业病患者，未按照规定报告的

适用对象：职业健康检查机构。

适用条款：《职业病防治法》第七十四条。

行政处罚：

1. 责令限期改正，给予警告，可以并处 1 万元以下的罚款。

2. 弄虚作假的，并处 2 万元以上 5 万元以下的罚款。

3. 对直接负责的主管人员和其他直接责任人员，可以依法给予降级或者撤职的处分。

六、职业健康检查机构未按照《职业健康检查管理办法》有关规定履行主检医师职责的

适用对象：职业健康检查机构。

适用条款：《职业健康检查管理办法》第二十六条。

行政处罚：

1. 责令限期改正，并给予警告。

2. 逾期不改正的，处 5000 元以上 3 万元以下的罚款。

七、职业健康检查机构未建立职业健康检查档案的

适用对象：职业健康检查机构。

适用条款:《职业健康检查管理办法》第二十六条。

行政处罚:

1. 责令限期改正,并给予警告。

2. 逾期不改正的,处5000元以上3万元以下的罚款。

第四节 《职业健康监护技术规范》 GBZ 188—2014监督要点

一、职业健康检查主要法律依据

职业健康检查工作是防治职业病的二级预防措施,主要法律依据包括《中华人民共和国职业病防治法》《职业健康检查管理办法》《职业病分类和目录》《职业病危害因素分类目录》《职业健康监护技术规范》及《放射工作人员职业健康监护技术规范》等。

《中华人民共和国职业病防治法》规定:对从事接触职业病危害的作业的劳动者,用人单位应当按照国务院安全生产监督管理部门、卫生行政部门的规定组织上岗前、在岗期间和离岗时的职业健康检查,并将检查结果书面告知劳动者。职业健康检查费用由用人单位承担。用人单位不得安排未经上岗前职业健康检查的劳动者从事接触职业病危害的作业;不得安排有职业禁忌的劳动者从事其所禁忌的作业;对在职业健康检查中发现有与所从事的职业相关的健康损害的劳动者,应当调离原工作岗位,并妥善安置;对未进行离岗前职业健康检查的劳动者不得解除或者终止与其订立的劳动合同。

《职业健康监护技术规范》适用于接触职业病危害因素劳动者的职业健康监护,规定了职业健康监护的基本原则、接触相关职业病危害因素的劳动者开展职业健康监护的目标疾病、健康检查的内容和周期。

二、职业健康监护总则

职业健康监护(occupational health surveillance)是以预防为目的,根据劳动者的职业接触史,通过定期或不定期的医学健康检查和健康相关资料的收集,连续性地监测劳动者的健康状况,分析劳动者健康变化与所接触的职业病危害因素的关系,并及时地将健康检查和资料分析结果报告给用人单位和劳动者本人,以便及时采取干预措施,保护劳动者健康。主要包括职业健康检查、离岗后健康检查、应急健康检查和职业健康监护档案管理等内容。

1. 职业健康监护目的

(1)早期发现职业病、职业健康损害和职业禁忌证。

（2）跟踪观察职业病及职业健康损害的发生、发展规律及分布情况。

（3）评价职业健康损害与作业环境中职业病危害因素的关系及危害程度。

（4）识别新的职业病危害因素和高危人群。

（5）进行目标干预，包括改善作业环境条件，改革生产工艺，采用有效的防护设施和个人防护用品，对职业病患者及疑似职业病和有职业禁忌人员的处理与安置等。

（6）评价预防和干预措施的效果。

（7）为制定或修订卫生政策和职业病防治对策服务。

2. 职业健康监护资料的应用

（1）职业健康监护工作中收集的劳动者健康资料只能用于以保护劳动者个体和群体的职业健康为目的的相关活动，应防止资料的滥用和扩散。

（2）职业健康监护资料应遵循医学资料的保密性和安全性的原则，应注意维护资料的完整和准确，并及时更新。

（3）职业健康检查机构应以适当的方式向用人单位、劳动者提供和解释个体和群体的健康信息，以促进他们能从保护劳动者健康和维护就业方面考虑提出切实可行的改进措施。

（4）在应用健康监护资料评价劳动者对某一特定作业或某类型工作是否适合时，应首先建议改善作业环境条件和加强个体防护，在此前提下才能评价劳动者是否适合该工作。同时劳动者健康状况和工作环境都在随时发生变化，所以判定是否适合不应只是一次性的。

3. 职业健康监护的目标疾病　确定职业健康监护目标疾病应根据以下原则：①目标疾病如果是职业禁忌证，应确定监护的职业病危害因素和所规定的职业禁忌证的必然联系及相关程度；②目标疾病如果是职业病，应是国家《职业病分类和目录》中规定的疾病，应和监护的职业病危害因素有明确的因果关系，并要有一定的发病率；③有确定的监护手段和医学检查方法，能够做到早期发现目标疾病；④早期发现后采取干预措施能对目标疾病的转归产生有利的影响。

4. 职业病危害因素的界定原则　职业病危害因素是指在职业活动中产生和（或）存在的、可能对职业人群健康、安全和作业能力造成不良影响的因素或条件，包括化学、物理、生物等因素。在岗期间定期职业健康检查分为强制性和推荐性两种，除了在各种职业病危害因素相应的项目标明为推荐性健康检查外，其余均为强制性。

国家颁布的《职业病危害因素分类目录》中的危害因素，符合以下条件者应实行强制性职业健康监护：①该危害因素有确定的慢性毒性作用，并能引起慢性职业病或慢性健康损害；②或有确定的致癌性，在暴露人群中所引起的职业性癌症有一定的发病率;③该因素对人的慢性毒性作用和健康损害或致癌作用尚不能肯定,但有动物实验或流行病学调查的证据,有可靠的技术方法,通过系统地健康监护可以提供进一步明确的证据;④有一定数量的暴露人群。只有急性毒性作用和对人体只有急性健康损害,但有确定的职业禁忌证,上岗前执行强制性健康监护,在岗期间执行推荐性健康监护。

GBZ 188 未包括的其他职业病危害因素如需开展健康监护,需通过专家评估后确定:①该物质在国内正在使用或准备使用,且有一定的暴露人群;②查阅相关文献,主要是毒理学资料,确定其是否符合国家规定的有害化学物质的分类标准及其对健康损害的特点和类型;③查阅流行病学资料及临床资料,有证据表明其存在损害劳动者健康的可能性或有理由怀疑在预期的使用情况下会损害劳动者健康;④对该物质可能引起的健康损害,是否有开展健康监护的方法,并确定其该方法的敏感性、特异性和阳性预计值;⑤健康监护能够对个体或群体的健康产生有利的结果,对个体可早期发现健康损害并采取有效的预防或治疗措施;⑥对群体健康状况的评价可以预测危害程度和发展趋势,采取有效的干预措施;健康检查的方法是劳动者可以接受的,检查结果有明确的解释;⑦符合医学伦理道德规范。

5. 职业健康监护人群的界定原则

(1)接触需要开展强制性健康监护的职业病危害因素的人群,都应接受职业健康监护。

(2)在岗期间定期健康检查为推荐性的职业病危害因素,原则上可根据用人单位的安排接受健康监护。

(3)虽不是直接从事接触需要开展职业健康监护的职业病危害因素的作业,但在工作环境中受到与直接接触人员同样的或几乎同样的接触,应视同职业性接触,需与直接接触人员一样接受健康监护。

(4)根据不同职业病危害因素暴露和发病的特点及剂量-效应关系,主要根据工作场所有害因素的浓度或强度以及个体累计暴露的时间长度和工种,确定需要开展健康监护的人群,可参考工作场所职业病危害作业分级(见GBZ/T 229)等标准。

(5)离岗后职业健康检查的时间,主要根据有害因素致病的流行病学及临床特点、劳动者从事该作业的时间长短、工作场所有害因素的浓度等因素综合考虑确定。

本标准中的复检项目,指受检者某项检查指标异常,需进行进一步的检查以确定异常的性质的检查项目,由主检医师根据需要确定。对锰、铍、镉、铬、砷、联苯胺、氯甲醚、双氯甲醚、焦炉逸散物、煤焦油、煤焦油沥青、石油沥青、β-萘胺、游离二氧化硅粉尘、煤尘、石棉、其他致尘肺病的无机粉尘、毛沸石粉尘等职业病危害因素,推荐离岗后开展健康检查。这些职业病危害因素的慢性健康影响及其引起职业病或职业肿瘤常有较长潜伏期,离岗后的作业人员仍可能发生职业病,故有条件的情况下应对其进行健康检查。减压性骨坏死可以在停止潜水作业 2~3 年后发生,故高气压作业人员离岗后需检查 3 年。

6. 职业健康监护的种类和周期 职业健康检查(occupational medical examination)指通过医学手段和方法,针对劳动者所接触的职业病危害因素可能产生的健康影响和健康损害进行临床医学检查,了解受检者健康状况,早期发现职业病、职业禁忌证和可能的其他疾病和健康损害的医疗行为。职业健康检查是职业健康监护的重要内容和主要的资料来源。职业健康检查包括上岗前、在岗期间、离岗时健康检查。

上岗前职业健康检查均为强制性职业健康检查,应该在开始从事有害作业前完成,主要目的是发现有无职业禁忌证,建立接触职业病危害因素人员的基础健康档案。

在岗期间职业健康检查适用于长期从事规定的需要开展健康监护的职业病危害因素作业的劳动者,主要目的:①早期发现职业病患者或疑似职业病患者或劳动者的其他健康异常改变;②及时发现有职业禁忌的劳动者;③通过动态观察劳动者群体健康变化,评价工作场所职业病危害因素的控制效果。定期健康检查的周期应根据不同职业病危害因素的性质、工作场所有害因素的浓度或强度、目标疾病的潜伏期和防护措施等因素决定。

劳动者在准备调离或脱离所从事的职业病危害作业或岗位前,应进行离岗时健康检查,主要目的是确定其在停止接触职业病危害因素时的健康状况。如最后一次在岗期间的健康检查是在离岗前的 90 日内,且该岗位工艺流程、使用原辅材料、操作方式无变化的,可视为离岗时检查。推荐性离岗后职业健康检查:①劳动者接触的职业病危害因素具有慢性健康影响,所致职业病或职业肿瘤常有较长的潜伏期,故脱离接触后仍有可能发生职业病;②离岗后健康检查时间的长短应根据有害因素致病的流行病学及临床特点、劳动者从事该作业的时间长短、工作场所有害因素的浓度等因素综合考虑确定。

当发生急性职业病危害事故时,根据事故处理的要求,对遭受或者可能遭受急性职业病危害的劳动者,应及时组织应急健康检查。依据检查结果和现场劳动卫生学调查,确定危害因素,为急救和治疗提供依据,控制职业病危害的继续蔓延和发展。从事可能产生职业性传染病作业的劳动者,在疫情流行期或近期密切接触传染源者,也应及时开展应急健康检查,随时监测疫情动态。

7. 职业健康监护方法和检查指标的确定 职业健康监护是职业卫生服

务的重要内容,应根据监护的种类和不同的职业病危害因素及其目标疾病,确定具体的医学检查方法和检查指标,对各种职业病危害因素规定的是最低检查标准。确定职业健康监护方法和检查指标的基本原则是:①检查方法应是成熟的可靠的技术,不能在法定职业健康监护中进行科学实验或研究;②检查方法和指标易为劳动者接受;③检查指标应有明确的意义,并与监护目标密切相关;④应考虑检查指标的特异性和敏感性,避免使用不能满足要求的检查;⑤考虑检查方法和检查指标的费用;⑥考虑文化、宗教等因素,符合医学伦理道德规范;⑦定期对整个健康监护项目进行审查,并根据工作条件的改善及时进行修改。考虑到检查方法的技术性,卫生行政部门宜对所采取的技术方法和检查指标作出统一规定。

用于职业健康监护的生物标志物分为生物接触标志物和生物效应标志物。接触标志物是反映机体生物材料中外源性物质或其代谢产物或外源性物质与某些靶细胞或靶分子相互作用产物含量的指标。效应标志物是指机体中可测出的生化、生理、行为或其他改变的指标。作为筛检职业健康监护目标疾病的生物标志物应满足以下条件:①有灵敏可靠的生物检测方法,易为劳动者接受;②生物接触标志物能够反映劳动者的暴露水平;③生物效应标志物能反映所暴露职业病危害因素的健康效应。

8. 职业健康检查结果的报告和评价　职业健康检查机构应根据相关规定和与用人单位签订的职业健康检查委托协议书,按时向用人单位提交职业健康检查报告。职业健康检查结果报告分为总结报告、个体结论报告和职业健康监护评价报告3种。职业健康检查报告和评价应遵循法律严肃性、科学严谨性和客观公正性。

体检总结报告是健康体检机构给委托单位(用人单位)的书面报告,是对本次体检的全面总结和一般分析,内容应包括:受检单位、职业健康检查种类、应检人数、受检人数、检查时间和地点,体检工作的实施情况,发现的疑似职业病、职业禁忌证和其他疾病的人数和汇总名单、处理建议等。

对每个受检对象的体检表,应由主检医师审阅后填写体检结论并签名。体检发现有疑似职业病、职业禁忌证、需要复查者和有其他疾病的劳动者要出具体检结论报告,包括受检者姓名、性别、接触有害因素名称、检查异常所见、本次体检结论和建议等。个体体检结论报告应一式两份,一份给劳动者或受检者指定的人员,一份给用人单位。

个体的体检结论可分为以下5种:①目前未见异常:本次职业健康检查各项检查指标均在正常范围内;②复查:检查时发现与目标疾病相关的单项或多项异常,需要复查确定者,应明确复查的内容和时间;③疑似职业病:检查发现疑似职业病或可能患有职业病,需要提交职业病诊断机构进一步明确诊断者;④职业禁忌证:检查发现有职业禁忌的患者,需写明具体疾病名称;⑤其他疾病或异常:除目标疾病之外的其他疾病或某些检查指标的异常。

评价报告是根据职业健康检查结果和工作场所监测资料及职业健康监护过程中收集到的相关资料,对用人单位劳动者的职业健康状况作出整体评价,分析劳动者健康损害和职业病危害因素的关系和导致发生职业危害的原因,预测健康损害的发展趋势,提出综合改进建议。职业健康检查机构可根据受检单位职业健康监护资料的实际情况及用人单位的委托要求,共同协商决定是否出具职业健康监护评价报告。

9. 职业健康监护档案和管理档案 职业健康监护档案是健康监护全过程的客观记录资料,是系统地观察劳动者健康状况的变化,评价个体和群体健康损害的依据,其特征是资料的完整性、连续性,需要长期保存。内容包括:①劳动者职业史、既往史和职业病危害接触史;②职业健康检查结果及处理情况;③职业病诊疗等健康资料。职业健康检查机构职业健康监护档案包括:①历次职业健康检查的文书,包括委托协议书、职业健康检查总结报告、评价报告和告知材料;②用人单位提供的相关资料;③其他有关材料(工作依据、人员档案、人员培训、仪器设备管理备案、报告发放记录、上报资料等等)。

职业健康监护资料应遵循医学资料的保密性和安全性的原则,应有专人管理,注意维护资料的完整和准确并及时更新,管理人员应保证档案的保密性,档案只能用于保护劳动者健康的目的,防止资料的滥用和扩散,并以适当的方式向用人单位、劳动者提供和解释个体和群体的健康信息,以促进他们能从保护劳动者健康和维护就业方面考虑提出切实可行的改进措施。

10. 常规医学检查 常规医学检查包括:①劳动者基本信息采集,症状询问;②内科常规检查;③神经系统常规检查;④其他专科检查,如眼科常规检查、口腔科常规检查、耳科常规检查、鼻及咽部常规检查、皮肤科常规检查等;⑤实验室及辅助检查:血常规应为五分类的,尿常规、肝肾功能、胸片、肺功能、心电图、B超等。

三、职业健康检查常见问题

职业健康检查过程中常见问题有:①高风险事件管理意识缺少,未建立危急值报告意识;②院感管理落后;③胸片质量、肺功能检查及电测听检查工作质量欠缺直接影响查体结果判定和质量;④仪器设备不能满足工作要求;⑤人员专业素质和人员设置达不到岗位工作要求,业务人员学科交叉转换不到位;⑥把职业健康检查混同于职业病诊断过程,出具职业病诊断结论;⑦外聘技术人员不得超过专业人员总数的20%,技术负责人不得外聘;⑧档案内容不全、借阅无记录等。

另外还存在下列问题：①内部管理制度、岗位职责落实不到位；职业病危害因素的识别能力不足，尤其在综合性医院常见，对作业职业卫生现场缺少必要的了解；②对职业病或职业禁忌证的识别能力不足；③法律法规和标准跟进不及时，观念和概念没能及时更新；④必检项目和科目有漏检，影响结果判定和处理；⑤质量控制体系不健全或者落实不到位；⑥相关科目和检查的专业技术人员的专业水平不能满足查体工作的需要；⑦用人单位提供的基本情况不能满足查体需要，是否真实可靠无从考证；⑧委托协议项目和责权界定不齐全。

第六章

职业病诊断监督管理

第一节 资质审批

一、法律依据

《职业病防治法》规定，医疗卫生机构承担职业病诊断，应当经省、自治区、直辖市人民政府卫生行政部门批准。省、自治区、直辖市人民政府卫生行政部门应当向社会公布本行政区域内承担职业病诊断的医疗卫生机构的名单。《职业病防治法》规定，职业病诊断证明书应当由参与诊断的取得职业病诊断资格的执业医师签署，并经承担职业病诊断的医疗卫生机构审核盖章。

职业病诊断机构与职业病诊断医师的审批情况见表6-1。

表6-1 职业病诊断机构与职业病诊断医师的审批

序号	项目	对象	审批机关
1	职业病诊断机构	拟申请从事职业病诊断的医疗卫生机构	省级卫生行政部门
2	职业病诊断医师	拟申请从事职业病诊断的执业医师	省级卫生行政部门

二、职业病诊断机构资质的审批

职业病诊断机构是指经省级以上人民政府卫生行政部门批准，取得职业病诊断机构批准证书，依法承担职业病诊断的医疗卫生机构。职业病诊断机构依法独立行使诊断权，并对其作出的职业病诊断结论承担责任。

1. 职业病诊断机构的条件

（1）持有《医疗机构执业许可证》。

（2）具有与开展职业病诊断相适应的职业病诊断医师等相关医疗卫生技

术人员。

（3）具有与开展职业病诊断相适应的场所和仪器、设备。

（4）具有健全的职业病诊断质量管理制度。

2. 职业病诊断机构的职责

（1）在批准的职业病诊断项目范围内开展职业病诊断。

（2）报告职业病。

（3）报告职业病诊断工作情况。

（4）承担《职业病防治法》中规定的其他职责。

3. 职业病诊断机构的审批程序

（1）申请：医疗卫生机构申请开展职业病诊断，应当向省级卫生行政部门提交以下材料：①职业病诊断机构申请表；②《医疗机构执业许可证》及副本的复印件；③申请开展的职业病诊断项目；④与申请项目相适应的职业病诊断医师等医疗卫生技术人员情况；⑤与申请项目相适应的场所和仪器、设备清单；⑥职业病诊断质量管理制度有关资料；⑦省级卫生行政部门规定提交的其他资料。

（2）受理：省级卫生行政部门收到申请资料后，应在5个工作日内作出是否受理的决定，不予受理的应书面通知申请单位。

（3）专家评审：同意受理的，省级卫生行政部门应当及时组织专家组进行技术评审。专家组应当在：60日内完成并提交技术评审报告，并对提交的技术评审报告负责。

（4）行政审核与审批发证：级卫生行政部门应当在收到技术评审报告之日起20日内，作出批准或者不予批准的决定。对批准的申请单位颁发《职业病诊断机构批准证书》（有效期5年），不予批准的应当说明理由并书面通知申请单位。

（5）延续：职业病诊断机构在批准证书有效期满前6个月，应当向原批准机关申请延续。原批准机关复核后，对合格的，换发证书。逾期未申请延续的，其《职业病诊断机构批准证书》过期失效。

（6）变更：职业病诊断机构的名称、地址、法定代表人发生变化后，应及时向原发证机关申请变更。符合法定条件的，原发证机关应当依法办理变更手续。

4. 职业病诊断机构的指定

设区的市没有医疗卫生机构申请开展职业病诊断的，省级卫生行政部门应当根据职业病诊断工作的需要，指定公立医疗卫生机构承担职业病诊断工作，并指定其在规定时间内达到规定的条件。

三、职业病诊断医师资格的审批

职业病诊断医师是指经培训考核合格,取得省级卫生行政部门颁发的职业病诊断医师资格证书,在职业病诊断机构内承担职业病诊断工作的执业医师。

1. 职业病诊断医师的条件

(1)具有医师执业证书。

(2)具有中级以上卫生专业技术职务任职资格。

(3)熟悉职业病防治法律、法规和职业病诊断标准。

(4)从事职业病诊断、鉴定相关工作3年以上。

(5)按规定参加职业病诊断医师相应专业的培训,并考核合格。

2. 职业病诊断医师的职责

(1)认真履行职责、廉洁自律。

(2)在批准的资质范围内从事职业病诊断工作,不得从事超出其资质范围的职业病诊断工作。

(3)职业病诊断医师在参加职业病诊断,要充分调阅患者有关材料,按照国家有关法律法规和职业病诊断标准,独立、客观地提出意见,并作出诊断结论。

3. 职业病诊断医师资格的审批程序

(1)申请:执业医师申请职业病诊断医师资格,应当向省级卫生行政部门提交以下材料:①职业病诊断医师资格申请表;②执业医师证书、中级以上卫生专业技术职务任职资格证书复印件;③申请职业病诊断类别;④与申请类别相应的培训考试合格证明。

(2)受理:省级卫生行政部门收到申请资料后,应在5个工作日内作出是否受理的决定,不予受理的应书面通知申请人。

(3)行政审核与审批发证:同意受理的,省级卫生行政部门应当在20日内,作出批准或者不予批准的决定。对批准的申请人颁发《职业病诊断医师资格证书》(有效期4年);不予批准的应当说明理由并书面通知申请人。

(4)延续:职业病诊断医师在资格证书有效期满前,应当向原批准机关申请延续,原批准机关复核后,对合格的,办理延续手续。

4. 职业病诊断医师的继续教育与培训 省、市级卫生行政部门或卫生监督机构应召开会议、组织培训班或学术交流活动,加强对职业病诊断医师的继续教育与培训,使职业病诊断医师及时了解职业病防治有关政策、法规和标准。

第二节 监督检查要点

一、分级管理职责

省级卫生行政部门每年应当至少组织 1 次对职业病诊断机构监督检查，设区的市级卫生行政部门每年应当至少组织 1 次对职业病诊断机构监督检查并不定期抽查，县级卫生行政部门负责对职业病诊断机构日常监督检查。

二、监督检查的主要内容

卫生监督员进入被检查单位，通过听取医疗卫生机构负责人介绍，询问相关人员，现场查看，资料核实等方法，对下列主要内容进行监督检查：

（一）职业病诊断机构的资质和能力

1. 机构资质　包括：①是否持有职业病诊断批准证书，批准证书是否有效；②医疗卫生机构是否存在需要变更职业病诊断批准证书的情况，如医疗卫生机构名称、地址、法定代表人或主要负责人发生变化；③抽查已出具的职业病诊断证明书，核查诊断类别，是否存在超资质范围诊断的情况。

2. 人员资质　包括：①参与职业病诊断的医师是否取得职业病诊断医师资格证书，证书是否有效；②持有效职业病诊断医师资格证书的执业医师数量是否能满足核准的诊断类别与范围需要。

3. 硬件条件　包括：①办公用房是否能满足核准的诊断类别与范围需要；②仪器设备是否能满足核准的诊断类别与范围需要。

4. 组织管理　包括：①是否有专门科室负责；②人员、岗位职责是否明确；③管理制度是否健全；④办事制度和程序是否公开；⑤是否定期对专业人员进行培训，职业病诊断医师是否定期参加相关的业务培训和继续教育；⑥相关人员是否熟悉职业病诊断有关法规、标准和程序；⑦相关的法规、标准是否及时收集更新。

（二）职业病诊断工作的规范性

对已完成职业病诊断的案例档案资料进行检查，重点检查资料的完整性、合法性、程序规范性和职业病诊断证明书制作的规范性。

1. 资料完整性、合法性　包括：①劳动者和用人单位基本信息是否明确；②有无劳动者的职业史；③有无劳动者职业病危害接触史和工作场所职业病危害因素情况；④有无劳动者职业健康检查资料、鉴别诊断等相关的临床检查和实验室检验资料；⑤相关资料是否符合证据的有效性（如复印件应当有原件保存人的签名或原件保存单位的盖章确认）。

2. 程序规范性　包括：①当事人对劳动关系、工种、工作岗位和在岗时间有争议的，是否告知当事人依法向用人单位所在地的劳动人事争议仲裁委员会申请仲裁，有无仲裁意见；②职业病诊断需要用人单位或其他单位提供资料的，有无书面通知或函件；③用人单位在规定的时间内不提供劳动者职业史和职业病危害接触史、工作场所职业病危害因素检测结果、职业健康监护档案等资料的，是否提请安全生产监督管理部门依法监督检查和督促用人单位提供职业病诊断所需资料，有无反馈资料；④劳动者对用人单位提供的工作场所职业病危害因素检测结果等资料有异议的，是否提请安全生产监督管理部门进行调查，有无反馈资料；⑤劳动者的用人单位解散、破产，无用人单位提供工作场所职业病危害因素检测结果等资料的，是否提请安全生产监督管理部门进行调查，有无反馈资料；⑥是否进行必要的临床检查或医学观察，以明确健康损害，并进行与相应诊断标准所涉及的其他疾病的鉴别诊断；⑦是否进行健康损害的确定、鉴别诊断、与职业病危害因素的因果关系等进行综合分析；⑧用人单位在规定时间内不提供工作场所职业病危害因素检测结果等资料的，是否结合劳动者的临床表现、辅助检查结果和劳动者的职业史、职业病危害接触史，并参考劳动者自述、安全生产监督管理部门提供的日常监督检查信息等，作出职业病诊断结论。

3. 职业病诊断证明书制作的规范性　包括：①填写是否完整：劳动者、用人单位基本信息是否正确；引用的诊断标准是否有效（最新）；②是否明确有无职业病，患有职业病的，是否载明职业病的名称、程度（期别）、处理意见；③是否医师签字，签名的医师姓名是否与职业病诊断记录的医师姓名一致，签字的医师是否持有有效的职业病诊断医师资格证书，并在资格认定的专业范围内，外聘医师是否符合要求；④是否盖有职业病诊断机构印章；⑤有无诊断日期，诊断日期是否与诊断记录一致。

4. 诊断证明书的诊断结论是否与诊断医师的表决意见一致，有无弄虚作假的情况。

（三）职业病证明书送达和职业病报告情况

抽查已完成职业病诊断的案例档案资料，重点检查以下两点。

1. 职业病证明书送达情况　包括：①职业病诊断证明书是否及时送达当事人；②是否告知当事人对结果有异议的，可以在接到职业病诊断证明书之日起30日内，向所在地设区的市级卫生行政部门（市职业病鉴定办事机构）申请鉴定的权力。

2. 职业病报告情况　包括：核对诊断为职业病的新病例（包括复查晋级病例），职业病诊断机构有无按规定书面报告用人单位所在地卫生行政部门和安全生产监督管理部门。

（四）职业病诊断档案管理情况

听取职业病诊断机构有关职业病诊断档案管理情况介绍，查看相关管理制度及实施情况，现场查看档案室，抽查职业病诊断案例档案，重点检查以下两点。

1. 职业病诊断档案管理组织与制度　包括：①是否有明确的档案管理责任科室和责任人；②档案室是否专设，档案是否及时归入专门档案室；③管理制度是否完善；④档案保存是否满足不易丢失，易于查询的要求。

2. 职业病诊断档案质量，包括以下内容：

（1）档案资料是否完整，职业病诊断档案应当包括：①职业病诊断证明书和送达回执；②劳动者提交的有关资料；③用人单位提交的有关资料；④安全生产监督管理部门和其他有关机构提供的资料；⑤劳动者的临床检查与实验室检验资料；⑥职业病诊断接诊、材料补正、组织职业病诊断（职业病诊断过程记录，包括参加诊断的人员、时间、地点、讨论内容及诊断结论）等过程性资料和其他有关资料。

（2）档案装订是否规范，是否及时归档，并永久保存。

第三节　法　律　责　任

一、医疗卫生机构未经批准擅自从事职业病诊断的

适用对象：医疗卫生机构。

适用条款：《职业病防治法》第七十九条。

行政处罚：

1. 责令立即停止违法行为，没收违法所得。

2. 违法所得 5000 元以上的，并处违法所得 2 倍以上 10 倍以下的罚款；没有违法所得或者违法所得不足 5000 元的，并处 5000 元以上 5 万元以下的罚款。

3. 情节严重的，对直接负责的主管人员和其他直接责任人员，依法给予降级、撤职或者开除的处分。

二、职业病诊断机构超出批准范围从事职业病诊断的

适用对象：职业病诊断机构。

适用条款：《职业病防治法》第八十条。

行政处罚：

1. 责令立即停止违法行为，给予警告，没收违法所得。

2. 违法所得 5000 元以上的,并处违法所得 2 倍以上 5 倍以下的罚款;没有违法所得或者违法所得不足 5000 元的,并处 5000 元以上 2 万元以下的罚款。

3. 情节严重的,由原批准机关取消其相应的资格。

4. 对直接负责的主管人员和其他直接责任人员,依法给予降级、撤职或者开除的处分;

5. 构成犯罪的,依法追究刑事责任。

三、职业病诊断机构不按照本法规定履行法定职责的

适用对象:职业病诊断机构。

适用条款:《职业病防治法》第八十条。

行政处罚:

1. 责令立即停止违法行为,给予警告,没收违法所得。

2. 违法所得 5000 元以上的,并处违法所得 2 倍以上 5 倍以下的罚款;没有违法所得或者违法所得不足 5000 元的,并处 5000 元以上 2 万元以下的罚款。

3. 情节严重的,由原批准机关取消其相应的资格。

4. 对直接负责的主管人员和其他直接责任人员,依法给予降级、撤职或者开除的处分。

5. 构成犯罪的,依法追究刑事责任。

四、职业病诊断机构出具虚假证明文件的

适用对象:职业病诊断机构。

适用条款:《职业病防治法》第八十条。

行政处罚:

1. 责令立即停止违法行为,给予警告,没收违法所得。

2. 违法所得 5000 元以上的,并处违法所得 2 倍以上 5 倍以下的罚款;没有违法所得或者违法所得不足 5000 元的,并处 5000 元以上 2 万元以下的罚款。

3. 情节严重的,由原批准机关取消其相应的资格。

4. 对直接负责的主管人员和其他直接责任人员,依法给予降级、撤职或者开除的处分。

5. 构成犯罪的,依法追究刑事责任。

五、职业病诊断机构发现职业病患者,未按照规定报告的

适用对象:职业病诊断机构。

适用条款:《职业病防治法》第七十四条。

行政处罚:

1.责令限期改正,给予警告,可以并处 1 万元以下的罚款。

2.弄虚作假的,并处 2 万元以上 5 万元以下的罚款。

3.对直接负责的主管人员和其他直接责任人员,可以依法给予降级或者撤职的处分。

第七章

职业病鉴定管理

第一节 职业病鉴定办事机构的设立

一、法律依据

《职业病防治法》和《职业病诊断与鉴定管理办法》规定，设区的市级人民政府卫生行政部门（以下简称市级卫生行政部门）负责行政区域内职业病诊断机构作出的职业病诊断争议的首次鉴定，省、自治区、直辖市人民政府卫生行政部门（以下简称省级卫生行政部门）负责行政区域内职业病诊断首次鉴定争议的再鉴定。职业病鉴定实行两级鉴定制，省级职业病鉴定结论为最终鉴定。

《职业病诊断与鉴定管理办法》第三十七条规定，省（市）级卫生行政部门可以指定办事机构，具体承担职业病鉴定的组织和日常性工作。省（市）级卫生行政部门指定省（市）级职业病鉴定办事机构（表 7-1），应当向社会公布省（市）级职业病鉴定办事机构的名称、工作时间、地点和鉴定工作程序。

表 7-1 职业病鉴定办事机构的设立

序号	项目	对象	设立机关
1	省级职业病鉴定办事机构	承担省级职业病鉴定组织和日常性工作的机构	省级卫生行政部门
2	市级职业病鉴定办事机构	承担市级职业病鉴定组织和日常性工作的机构	市级卫生行政部门

二、职业病鉴定办事机构的设立与职责

1. 职业病鉴定办事机构的基本条件 为确保职业病鉴定工作的公正，承担职业病诊断的医疗卫生机构不能作为职业病鉴定办事机构。

省(市)级卫生行政部门指定的职业病鉴定办事机构,应成立职业病鉴定办公室,设办公室主任1名,联络秘书1名,明确工作职责和程序,启用"**省(市)职业病鉴定办公室"印章,并为开展职业病鉴定工作提供必要的工作条件:

(1)专用的办公室,并在办公场所公示职业病鉴定工作程序、需要提交的相关材料和注意事项等;

(2)配置电话、电脑、打印机、录音笔、照相机,档案柜和办公桌椅等;

(3)配备专门人员负责职业病鉴定的接待、咨询、组织等工作;

(4)提供职业病鉴定经费保障。

2.职业病鉴定办事机构的工作职责

(1)接受当事人申请;

(2)组织当事人或者接受当事人委托抽取职业病鉴定专家;

(3)组织职业病鉴定会议,负责会议记录、职业病鉴定相关文书的收发及其他事务性工作;

(4)建立并管理职业病鉴定档案;

(5)承担卫生行政部门委托的有关职业病鉴定的其他工作。

第二节 职业病鉴定专家库管理

一、法律依据

《职业病防治法》规定:"职业病鉴定委员会由相关专业的专家组成。省、自治区、直辖市人民政府卫生行政部门应当设立相关的专家库,需要对职业病争议作出鉴定时,由当事人或者当事人委托有关卫生行政部门从专家库中以随机抽取的方式确定参加鉴定委员会的专家。"《职业病诊断与鉴定管理办法》第三十九条规定,省级卫生行政部门应当设立职业病鉴定专家库,并根据实际需要及时调整其成员。专家库应当按照不同职业病类别进行专业分组。职业病鉴定专家库和职业病鉴定委员会的设立、产生见表7-2。

表7-2 职业病鉴定专家库和职业病鉴定委员会的设立/产生

序	项目	对象	设立机关或产生方式
1	省级职业病鉴定专家库	承担省级职业病鉴定的成员	省级卫生行政部门
2	职业病鉴定委员会	承担特定劳动者职业病鉴定的专家	当事人或者当事人委托有关卫生行政部门从专家库中以随机抽取的方式确定

二、职业病鉴定专家库的设立与管理

1. 职业病鉴定专家库的结构　省级卫生行政部门应当设立职业病鉴定专家库,应当按照不同职业病类别进行专业分组,如尘肺病组、职业中毒组、物理因素所致职业病组、职业性放射性疾病组等。

各组专家应当以取得职业病诊断医师资格的医师为主要成员,吸收临床相关学科、职业卫生、放射卫生等相关专业的专家组成。

2. 专家库成员的条件

(1)具有良好的业务素质和职业道德。

(2)具有相关专业的高级专业技术职务任职资格。

(3)熟悉职业病防治法律法规和职业病诊断标准。

(4)身体健康,能够胜任职业病鉴定工作。

3. 专家库成员的聘用

(1)本人申请。

(2)所在单位同意推荐。

(3)省级卫生行政部门审核批准并颁发聘书。专家库专家任期为4年,可以连聘连任。

4. 专家库成员调整　省级卫生行政部门应当根据实际工作需要及时调整其成员。对违反有关规定的专家库成员,省级卫生行政部门可取消其职业病鉴定专家资格并除名,视情节通报专家所在单位。对超过聘期、不能胜任职业病鉴定工作的专家要及时更新。

5. 职业病鉴定专家库成员的继续教育与培训　省级卫生行政部门或卫生监督机构应召开会议、组织培训班或学术交流活动,加强对专家库成员的教育与培训,使专家库成员及时了解职业病防治有关政策、法规和标准。

三、职业病鉴定专家库成员的职责

1. 参加职业病鉴定活动。

2. 参加职业健康检查和职业病诊断机构资质审定工作。

3. 为卫生行政部门职业卫生监督提供技术支持。

4. 承担卫生行政部门指定的其他工作。

四、职业病鉴定专家库成员的纪律

1. 按照国家有关法律法规和职业病诊断标准开展工作,独立、客观地提出意见。

2. 认真履行职责,廉洁自律。不得私下接触当事人,严禁收受或索取当事人的钱财礼品。

3. 遵守相关保密规定。鉴定结论一旦作出,对此有异议者,可以保留意见,但不得对当事人发表与结论不同的意见,或泄露讨论情况。不得将鉴定结论以个人名义通知当事人。

4. 不得参与有碍公正性的活动。未经批准或授权,不得以鉴定委员会的名义发表意见,干预职业病诊断活动。

5. 参与职业病鉴定的专家有下列情形之一的,应当回避:①是职业病鉴定当事人或者当事人近亲属的;②已参加当事人职业病诊断或首次鉴定的;③与职业病鉴定当事人有利害关系的;④与职业病鉴定当事人有其他关系,可能影响鉴定公正的。

第三节　管理要点

一、分级管理职责

省级卫生行政部门负责省级职业病鉴定办事机构和职业病鉴定专家库的管理;设区的市级卫生行政部门负责市级职业病鉴定办事机构管理。

省级职业病鉴定办事机构应加强对市级职业病鉴定办事机构的检查与指导。

二、主要检查内容

职业病鉴定包括当事人申请的接收、受理、资料审核,鉴定专家抽取及鉴定会议的组织,职业病鉴定书的出具和送达等职业病鉴定组织和日常性工作。对劳动者是否患有职业病及其严重程度进行的技术鉴定。前者由省(市)级卫生行政部门指定的职业病鉴定办事机构承担,后者由当事人抽取的专家组成的职业病鉴定委员会完成。因此,对职业病鉴定的检查包括对职业病鉴定办事机构工作的检查和对职业病鉴定委员会组成人员的检查。

1. 对职业病鉴定办事机构的主要检查内容

(1)组织机构和工作条件:主要检查:①职业病鉴定办事机构是否设置职业病鉴定工作的组织机构;②是否有专人负责职业病鉴定办公室的日常工作;③职业病鉴定办事机构工作人员是否熟悉职业病鉴定工作职责和程序;④"职业病鉴定办公室"印章是否由专人保管;⑤"职业病鉴定委员会"印章是否有盖章审批制度;⑥职业病鉴定办事机构是否专用的办公室,并在办公场所公示职业病鉴定工作程序等;⑦是否配置必要的办公设施和职业病鉴定经费保障。

(2)队伍建设:是否有计划地实施对职业病鉴定办事机构工作人员的培训。

（3）职业病鉴定工作程序的合法性：重点检查以下内容：①受理的职业病鉴定案例是否在规定时限内提出申请的，是否属于受理权限范围的；②职业病鉴定书的结论是否与专家组表决意见一致；③职业病鉴定书是否有 5 人以上单数的专家签名，是否为省职业病鉴定专家库成员，2/3 的专家是否有相应类别的职业职业病诊断医师资格证书；④参加职业病鉴定的专家是否由当事人抽取或当事人委托办事机构抽取；⑤职业病鉴定书是否加盖职业病鉴定委员会印章。

（4）职业病鉴定工作时效的合法性：重点检查是否在规定的期限内开展工作：①是否在收到申请材料之日起 5 个工作日内完成书面审核；②是否在受理之日起 60 日内组织鉴定；③职业病鉴定书是否在 20 日内送达当事人、原诊断机构（首次职业病鉴定办事机构）；④鉴定结论与诊断结论或者首次鉴定结论不一致的，是否及时向所在地卫生行政部门和安全生产监督管理部门报告。

（5）职业病鉴定工作的规范性：重点检查以下内容：①职业病鉴定过程的各种文书是否齐全；②职业病鉴定过程记录是否有缺项，签名是否规范；③职业病鉴定书是否有缺项，签名、盖章是否规范，引用的职业病诊断标准是否现行有效等。

（6）职业病鉴定档案质量：重点检查以下内容。

1）档案资料是否完整齐全，职业病鉴定档案应当包括：①职业病鉴定书和送达回执；②劳动者提交的职业病鉴定材料；③用人单位提交的职业病鉴定材料；④安全生产监督管理部门和其他有关机构提供的资料；⑤劳动者的临床检查与实验室检验资料；⑥职业病鉴定接收、材料补正、受理、组织职业病鉴定（职业病鉴定过程记录，包括参加鉴定的人员、时间、地点、讨论内容及鉴定结论）等过程性资料和其他有关资料。

2）档案装订是否规范，是否及时归档，并永久保存。

2. 对职业病鉴定委员会组成人员的主要检查内容　主要检查职业病鉴定委员会组成人员是否有收受职业病诊断争议当事人的财物或者其他好处的行为。

第四节　法　律　责　任

职业病鉴定委员会组成人员收受职业病诊断争议当事人的财物或者其他好处的

适用对象：职业病鉴定委员会组成人员。

适用条款：《职业病防治法》第八十一条。

行政处罚：

给予警告,没收收受的财物,可以并处 3000 元以上 5 万元以下的罚款,取消其担任职业病鉴定委员会组成人员的资格,并从省、自治区、直辖市人民政府卫生行政部门设定的专家库中予以除名。

第八章

职业病报告的监督管理

第一节　职业病报告工作规定和程序

一、法律依据

《职业病防治法》规定："用人单位和医疗卫生机构发现职业病病人或者疑似职业病病人时,应当及时向所在地卫生行政部门和安全生产监督管理部门报告。确诊为职业病的,用人单位还应当向所在地劳动保障行政部门报告。接到报告的部门应当依法作出处理。"第五十五条规定,"医疗卫生机构发现疑似职业病病人时,应当告知劳动者本人并及时通知用人单位的。"因此,职业病报告包括职业病和疑似职业病的报告,其目的在于为识别、评价、控制和消除职业危害提供科学决策的信息支持。

《职业病防治法》规定："县级以上地方人民政府卫生行政部门负责本行政区域内的职业病统计报告的管理工作,并按照规定上报。"职业病统计报告的管理是职业卫生监督管理的重要组成部分,是国家制定职业病防治政策,评估职业危害趋势的重要依据。负责职业病报告的有关部门和单位应严格按规定程序、时限,及时、准确地上报职业病信息,不得漏报、迟报、误报、虚报。

二、职业病报告组织体系

1. 各级卫生行政部门负责本行政区域内职业病报告工作的管理,制定相关的规定,组织和协调有关部门共同参与职业病报告工作。负责对医疗卫生机构(包括职业病诊断机构、职业健康检查机构、其他医疗卫生机构)职业病报告工作的监督检查;安全生产监督管理部门负责对用人单位职业病报告情况的监督检查。

2. 各级疾病预防控制中心(职防)机构负责辖内职业病报告培训、审核、汇总等工作。

3. 用人单位和医疗卫生机构发现职业病患者或者疑似职业病患者时,应当及时报告用人单位所在地的卫生行政部门和安全生产监督管理部门。

三、职业病报告内容和程序

1. 职业病报告 报告责任主体:职业病诊断机构。

报告方式:出具《职业病诊断证明书》、填写《尘肺病报告卡》(卫统36-1表)或《职业病报告卡》(不含尘肺病、放射性疾病、卫统 36-2 表)、《职业性放射性疾病报告卡》(卫统 36-5 表),报用人单位所在地的县级疾病预防控制中心。并通过中国疾病预防控制中心《健康危害因素监测信息系统》网络直报,各级疾病预防控制(职防)机构负责网络直报的分级审核确认、逐级上传的形式直至中国疾病预防控制中心。

报告时限:在作出职业病诊断后 15 日内。如果市、省级职业病鉴定结论有变更的,应在收到鉴定书后的 15 日内更新报告。

2. 疑似职业病报告

报告责任主体:职业健康检查机构和其他医疗卫生机构。

报告方式:出具《疑似职业病报告单》报用人单位所在地的卫生行政部门和安全生产监督管理部门。

报告时限:在发现疑似职业病后 30 日内。

第二节 监督检查要点

依据《中华人民共和国职业病防治法》《职业病诊断与鉴定管理办法》《职业健康检查管理办法》等规定,卫生行政部门主要负责对医疗卫生机构(包括职业病诊断机构、职业健康检查机构、其他医疗卫生机构)、各级疾病预防控制(职防)机构职业病报告工作的监督检查和管理。

一、对医疗卫生机构(包括职业病诊断机构、职业健康检查机构、其他医疗卫生机构)监督检查的主要内容

1. 管理组织与制度 包括:①医疗卫生机构是否有专门的部门或者人员承担职业病报告工作;②是否建立职业病报告和登记制度,包括报告卡和登记簿、核对、自查等工作制度,包括专门部门、人员工作职责、工作流程要求等。

2. 核查职业病、疑似职业病报告登记 包括:①是否有报告和疑似职业病告知记录;②是否有职业病漏报、迟报、误报、虚报等现象。

二、各级疾病预防控制（职防）机构检查主要内容

1. 管理组织与制度　包括：①疾病预防控制（职防）机构是否有专门的部门或者人员承担职业病报告工作；②是否建立职业病报告和登记制度，包括报告卡和登记簿、核对、自查等工作制度，包括专门部门、人员工作职责、工作流程要求等。

2. 职业病报告工作情况　包括：①培训工作开展情况；②职业病报告审核、汇总工作是否及时、准确。

第三节　法　律　责　任

医疗卫生机构未按照规定报告职业病、疑似职业病的

适用对象：医疗卫生机构。

适用条款：《职业病防治法》第七十四条。

行政处罚：

1. 责令限期改正，给予警告，可以并处1万元以下的罚款。

2. 弄虚作假的，并处2万元以上5万元以下的罚款。

3. 对直接负责的主管人员和其他直接责任人员，可以依法给予降级或者撤职的处分。

第九章

职业病防治宣传教育与健康促进

　　职业病是指企业、事业单位和个体经济组织等用人单位的劳动者在职业活动中,因接触粉尘、放射性物质和其他有毒、有害因素而引起的疾病。因此,预防职业病的关键环节有 3 个,一是控制作业场所危害因素的浓度或强度;二是减少劳动者接触职业病危害因素的机会,包括减少接触时间,控制高风险的接触方式,采取个人防护减少吸入危害因素的量;三是早期发现劳动者职业健康损害和易感人群,做到早发现,早脱离,早治疗。企业主和劳动者职业活动的主体,劳动者又是职业病危害的对象,有效落实上述 3 个预防职业病关键环节,必须要有劳动者和企业主、企业职业卫生管理人员的共识和积极参与,通过职业病防治宣传教育与健康促进,使劳动者以及企业正确认识职业病危害因素,自觉采取职业病危害防护措施,对于预防职业病起到决定性作用,是保障和促进劳动者的健康、促进经济社会和谐发展的有效措施。

　　职业健康教育是指根据不同工作场所人群的职业特点,针对所接触的职业危害因素,通过提供卫生防护知识、技能、服务,以促进职业人群自觉采纳有益于健康的行为和生活方式,自觉主动地采取防护措施,防止各种职业危害因素对健康造成的损害,促进职工健康。职业健康教育主要的工作手段包括健康传播和健康干预,健康干预包括行为干预和心理干预,最终目的为行为改变。1986 年,WHO 在加拿大渥太华第一节世界健康促进大会宣言中对“健康促进”的定义是“健康促进是促使人们提高、维护和改善他们自身健康的过程”。职业健康促进是指从企业管理策略、支持性环境、职工参与、健康教育、卫生服务等方面,采取综合干预措施,以期改善作业条件、改变职工不健康的生活方式、控制健康危害因素、降低伤病及缺勤率,从而达到促进职工健康、提高职工生命质量和推动经济可持续发展的目的。职业健康促进涵盖了企业管理政策、支持性环境、职工参与、健康教育、卫生服务等方面,不仅强调针对个体员工的行为改变和生活方式的改变,更注重增进和改善作业场所的物理和社会环境,注重对影响职业人群健康的企业管理者和在公共事务中起决定作用管理人员开展的行动,因为他们对工作场所安全和职业人群健康起到至关重要的作用。

第一节　工作内容与方法

一、法律依据

《职业病防治法》第十一条规定:县级以上人民政府职业卫生监督管理部门应当加强对职业病防治的宣传教育,普及职业病防治的知识,增强用人单位的职业病防治观念,提高劳动者的职业健康意识、自我保护意识和行使职业卫生保护权利的能力。

《职业病防治法》第三十四条规定:用人单位的主要负责人和职业卫生管理人员应当接受职业卫生培训,遵守职业病防治法律、法规,依法组织本单位的职业病防治工作。用人单位应当对劳动者进行上岗前的职业卫生培训和在岗期间的定期职业卫生培训,普及职业卫生知识,督促劳动者遵守职业病防治法律、法规、规章和操作规程,指导劳动者正确使用职业病防护设备和个人使用的职业病防护用品。劳动者应当学习和掌握相关的职业卫生知识,增强职业病防范意识,遵守职业病防治法律、法规、规章和操作规程,正确使用、维护职业病防护设备和个人使用的职业病防护用品,发现职业病危害事故隐患应当及时报告。劳动者不履行前款规定义务的,用人单位应当对其进行教育。

二、工作内容

劳动者既是职业人群,具有职业接触危害的特殊性,又与一般人群一样,存在一般健康风险问题,因此,对劳动者进行健康教育和健康促进的内容应根据作业场所的特点、职业病危害因素的种类和性质、防护措施、目标人群的素质水平等决定,包括职业健康教育和健康促进和一般健康教育和健康促进。

1. 职业健康教育和健康促进主要是针对控制职业病危害因素和提高防护水平,具体的内容包括:对目标职业工人进行职业病危害因素、防护措施和法律权益、义务的宣传和教育,从企业政策等角度提供支持性环境,采取多种措施提高职工的参与率、执行率和执行正确率,改善作业环境和作业方式,提高防护水平,从而达到保障劳动者健康的目的。

2. 一般健康教育和健康促进主要是改变职工不健康的生活方式,控制健康危险因素,提高劳动者的健康水平和对职业病危害因素的代谢能力,具体内容包括:吸烟与健康、控制饮酒、合理营养、卫生饮食、体育锻炼和心理健康问题等。

三、工作方法

职业健康促进由健康教育、疾病预防和健康保护组成，针对不同层次的目标人群应采用不同方法，坚持多样性、趣味性、持续性和重复性，具体方法如下：

1. 健康教育的方法

（1）对政策制定者（企业负责人）的健康教育综合利用媒体宣传、专业讲座等形式，提高政策制定者的职业病防治意识和理念，以制定相应的支持性政策，并给予促进项目财力、物力和人力的支持。

（2）对企业管理人员和技术人员的健康教育根据内容和时间不同，可设专题讲座、专题会议和系列性讲座等，讲授和讨论的内容可结合本行业常见的危害大的职业病危害因素、职业危害结局、有效的防护措施以及国家的有关法律法规、政策标准规范等。

（3）对工人的健康教育应首先让工人认识到健康促进的最大、最直接的受益者是他们自己，通过健康教育使工人提高健康意识、参与意愿以及自觉采取健康行为的技术能力。具体的方法可有三级教育、特种教育和经常性教育：三级教育即新参加工作的工人在进厂、进车间、进岗位分别进行健康教育；特种教育指对接触职业危害较大的特种作业人员进行职业安全和健康教育；经常性教育一般的方法是班前布置、班中检查和班后总结。

对工人的健康教育应本着通俗易懂、形式多样和生动有趣的原则，切忌不要安排深奥难懂的专业知识，具体的形式可包括板报、壁画、录像以及专题报告等，在实际的操作过程中，还应考虑各种教育形式的结合和灵活的奖惩措施，以便提高工人的积极性和兴趣。有条件的情况下，可请有经验的老职工进行传、帮、引、带，现身说教，利用正反两方面的典型事例，讲解安全和卫生的重要性，加深认识，对改善工人的不良行为效果会更好。除了积极进行职业健康教育外，一般健康教育同样重要，内容主要包括吸烟与健康、控制饮酒、合理营养和心理健康问题等。

（4）对社会大众的宣传教育应当让大众了解职业病防治对全社会的和谐发展的重要作用，通过职业卫生和职业法律知识的普及，为前面3类人群的宣传教育打下基础，在全社会营造共同关心职业卫生的氛围。对全社会的宣传教育主要是通过一些主流传媒手段宣传职业卫生的一些主要国家政策和防治理念。较常用的方法有电视媒体、新闻报纸、公交车站等人群高度关注的职业卫生公益广告和主题文艺会演、街头宣传咨询等，为在校学生增加职业病防治知识普及课程是提高全社会职业病防治意识一个最根本的方法。

2. 疾病预防的方法

（1）一级预防：降低劳动者暴露于职业病危害因素的浓度（强度），具体包括：①替代，利用无毒代有毒，低毒代高毒；②工程控制，采用最新工艺，提高自动化、机械化和密闭化程度，提高职业病防护措施防护效果和水平；③组织措施，合理安排工作时间和工作形式，减少暴露于职业病危害因素的时间和机会；④个人防护用品，提供有效的个体防护用品，并能正确佩戴；⑤源头控制，开展建设项目职业病危害预评价和控制效果评价，并做好职业病防护设施"三同时"工作，做好工作场所职业病危害因素监测工作。

（2）二级预防：劳动者职业健康监护和一般性体检，以及对职业病、一般疾病进行早发现、早诊断，早治疗。

（3）三级预防：职业病和一般疾病的预后康复以及后遗症的预防等。

3. 健康保护的方法　健康保护包括司法和财政控制、其他法规和政策，目的在于增进职业健康和疾病预防。职业健康保护的目的是减少工人受到作业场所职业危害、不安全或不健康行为的可能性。健康保护让健康选择更容易。如《职业病防治法》规定企业应为工人配合适的防护用品，并进行建设项目职业病危害预评价和建设项目职业病危害控制效果评价。

第二节　管理要求

一、成立领导小组、工作小组和质量控制小组

领导小组应由有关部门包括卫生行政部门、安全生产监督管理部门、职业健康促进实施单位、健康教育机构、企业领导、工会负责人等组成。主要的任务包括协调解决出现的问题，指导和监督促进工作的开展，确保促进工作的顺利实施。工作小组的组成人员包括：职业健康促进实施单位、健康教育机构、企业等相关技术人员以及职工代表等。具体任务包括从技术层面制定职业健康促进实施方案和计划，在领导小组的指导下具体负责职业健康促进实施并定期向领导小组汇报。整个实施过程由质量控制小组负责监督和质量把关，质量控制小组的人员可由相关领域的专家担任。

二、制定职业健康教育与健康促进方案和计划

工作小组首先对目标人群进行初步的调查，了解目标人群知识水平和行为能力情况，评估所存在的主要健康问题和需求。结合职业健康的短期目标和长期目标以及实际情况制定科学可行的促进方案和计划，方案和计划应提请领导小组和质量控制小组审核，并在目标人群中进行预试验，根据预试验

的结果进一步调整实施方案计划。检验各调查量表的信度和效度和检测仪器的精密度和准确性,提高工作人员的调查经验等。

三、开展基线调查和需求评估

成立相关的协调机构,建立促进方案和计划后。对目标人群和促进场所进行详细的基线调查和需求评估,主要内容包括目标人群的健康状况、生活行为方式、相关知识的知晓率、现场职业病危害因素、企业的组织管理方式、劳动者的作业方式、职业卫生技术服务的水平和覆盖率等。尤其注意的是,在基线调查过程中主要应充分科学地利用统计抽样和调查方法,以期获得翔实可靠的基础数据和真实的需求,提高后续干预和促进措施的针对性。

四、干预措施和健康促进的实施

职业健康是多方面、多部门联合协作的项目,需要各有关部门支持、参与,齐心协力、各负其责,才能顺利完成,通过对政策制定者、企业管理人员和技术人员以及劳动者的健康教育、作业场所环境改善和防护水平提高等三级预防方法、政策制定等健康保护方法对职业人群进行干预措施。由于整个项目是系统动态工程,即使到了实施阶段,方案设计也未必趋于完善,因此仍需及时反馈信息以及对方案和计划进行必要的校正。

五、监测与评价

健康促进项目实施的时间和方式各异,在整个实施的过程中应根据不同的阶段实施严格的监测和评价。监测评价可大致分为过程评价、近期效果评价和中期效果评价以及远期或结局评价。

1. 过程评价　过程评价指项目采取行动和措施的实施情况,具体侧重评价工作的效率和质量控制情况。

2. 近期与中期效果评价　近期效果着重评价影响行为的倾向因素、促成因素和强化因素的改变情况,倾向因素包括知识、态度、价值观等的改变;促成因素包括政策、法规、服务可及性、技能等方面的改变;强化因素包括同伴观点、公众舆论、自身感受等的变化等。中期效果主要评价行为的改变、常见病多发病的控制效果以及作业环境改善情况等。

3. 远期或结局评价　远期效果着眼于评价健康教育项目导致的职业人群健康状况乃至生活质量的变化。评价指标主要包括发病率、伤残率、死因结构的变化、存活率的变化等,医疗卫生服务方向和内容的改进,以及企业的经济和社会效益的提高等。

六、质量控制

职业健康促进实施应进行严格的质量控制，具体的内容包括选用客观科学的评价指标；对调查员进行培训和考核，提高调查技巧和技术，并设置质量监督员，实时记录和监控项目的开展情况；职业病危害因素的检测以及目标人群的职业健康检查均按国家相关标准进行。对调查问卷、检测资料和医学诊断及时整理，并进行逻辑性检验。发病情况（如门诊、住院）、死亡情况等均需正式的医疗文件复本作为凭证（门诊记录、出院小结、死亡证等）。资料的整理过程应注重正确统计方法的应用等。

职业健康促进是一个繁杂的系统工程，不但涉及多部门、多单位的协作配合，还需要长时间的随访和跟踪调查，在实施的过程中应做到规划科学、设计严谨、措施规范和评价客观，并进行全程的质量控制，从而充分地发挥职业健康促进在现代职业病防治中的重要作用。

第十章

重点职业病监测和职业健康风险评估

第一节　职业病监测的历史和发展

一、2006 年全国制定了职业病监测哨点方案

目的：通过对有代表性的哨点进行职业卫生监测，客观反映哨点地区职业人口、职业暴露人群、职业危害、职业健康监护、职业病发病以及职业卫生资源的基本情况，为制定国家职业病防控措施提供科学依据。

1. 监测类型　①常规监测：包括职业病危害事故监测和常规职业病报告；②主动监测：确定哨点，以区县为单位，根据不同地区的行业状况、职业病发病特点及资源条件建立监测点，实行分类指导。多部门密切配合，分工协作。重点突出，反映不同地区、不同行业、不同人群的主要职业病发病特点。

2. 监测对象　以县（区）为单位。试点省选择各省前 5 位职业病、新发的职业病、新型产业。每种职业病主要的行业，每种行业中选择要观察的企业，重点是非正规经济组织和中小企业，重点人群是流动人群。

3. 监测点条件　当地政府重视；有较完善的职业病防治体系；具备开展职业病监测工作的条件和人员，具有一定的工作基础；首批监测点从国家基础职业卫生试点县中选择。各省可根据本地情况和需要，建立本省的职业病监测网络，开展相关的监测工作。

4. 监测内容与方法　试点省经济发展基本状况、人口资料、主要职业危害的分布、行业分布、人群分布。医疗卫生资源分布，包括人、资源、开展的工作。目标疾病情况：监测企业基本情况、人群健康状况、环境监测、样本量及抽样方法、监测资料的分析与利用及监测资料的保存与管理。

5. 质量控制　职业病诊断过程中的质量控制；职业监护过程中的质量控

制；职业病危害因素监测过程的中的质量控制：布点、采样、分析、报告；现场调查阶段；数据统计分析阶段等各个环节的质量控制。

6. 资料报告及反馈　各地上报数据经职业卫生所汇总统计分析后写出总结报告，以简报或以监测工作年度总结形式上报原卫生部并反馈至各省疾病预防控制中心，各省应以适当的形式向下级监测单位反馈监测结果。

二、2007 年我国主要职业病哨点监测

通过定点对大、中型煤矿、石棉矿企业粉尘作业点现场监测和对接尘工人定期职业健康体检和健康监护，以粉尘作业劳务输出村为单位建立哨点和在综合性医院呼吸科建立监测哨点，对长期接触粉尘的工人开展健康检查和健康监护，纵向观察尘肺发生、发展情况，准确估计我国尘肺病患者数量，为尘肺病防治规划和计划提出可操作性建议，逐步减少和消灭尘肺病，极大地保护广大劳动者的健康权益。

职业病哨点监测的目的为：①及时发现病例，采取有效防治措施，控制恶性职业病事故的发展趋势；②掌握我国主要职业病在高危人群、高危行业及企业的分布特征、变迁趋势和发病趋势，建立职业病预测、预警机制；③识别我国职业病高危地区、高危职业、高危人群，加强预防控制工作；④掌握我国重点职业病的流行病学特征，为制定有效防控措施提供科学依据。

在对全国职业病近 10 年的职业病报告统计分析的基础上，在全国范围内各选择 5 个职业病监测哨点，以煤工尘肺、矽肺和石棉肺为主进行监测。摸清哨点的基本情况，对当地参与哨点监测的工作人员和相关人员进行系统培训，完善和配备必要的仪器设备和监测技术，对现场和作业人员进行定期监测。

三、2008 年卫生监督技术支撑能力建设工作方案

方案中明确：在国家级层面和省级层面建立职业卫生监督技术支持机构。技术支持机构的职责之一：职业病哨点监测。根据职业病发病状况，选择职业病高发地区为监测哨点，收集职业病发病情况、职业病个案、职业病危害因素暴露人群、行业或职业分布等资料；建立全国职业病监测数据信息库，开展预警预测工作。

四、2009 年加强职业卫生监管技术能力建设项目计划

2009 年原卫生部监督局制定《加强职业卫生监管技术能力建设项目计划》，提出的计划总目标包括：建立完善职业病监测哨点网络，掌握我国尘肺病和主要慢性职业中毒等职业病发病趋势和规律，为国家制定职业病防治政策提供科学依据。2009 年职业病防治监测哨点经费预算 6452 万元。

中国疾控中心职业卫生所编制《2009年加强职业病哨点监测项目计划》。提出在全国建立45个进行职业病监测、个体健康监护、环境监测哨点，及时掌握尘肺、职业中毒等重点职业病的发病特点、规律和趋势，提高重大职业病监测、预警能力，为早期发现、早期预防、早期控制职业病、作出职业病防治工作决策和干预提供科学依据。

45个监测哨点覆盖23个省、自治区、直辖市。每个哨点选取辖区内劳动者和作业点，职业健康体检4500人、环境监测2000点次。全国共进行职业健康体检20.25万人，作业点监测8万点次。

监测疾病：对煤工尘肺、尘肺（不含煤工尘肺、石棉肺）、石棉肺、铅中毒、镉中毒、锰中毒、汞中毒、职业性肿瘤、有机溶剂中毒等9种（类）重点职业病。

2009年11月，中国疾控中心职业卫生所编制《2010年国家职业病防治项目实施方案》。方案分为：职业病防治能力建设、职业病防治宣传教育和职业病监测哨点3个实施方案。中央财政安排国家级职业病哨点监测专项资金1350万元。

单病种监测哨点选取以区县为单位，重点选取辖区内所有流动劳动者多、危害严重的中小企业的劳动者1500人进行职业病现况调查。各哨点的监测任务：在山西、安徽、内蒙古、黑龙江、江西、河南、湖南、吉林完成16 500名煤尘接触工人的煤工尘肺监测。在湖南、海南、广西、湖北、贵州、内蒙古、安徽和四川完成12 000名矽尘接触工人的矽肺监测。在新疆建设兵团、四川、青海等省份完成6000名石棉接触工人的石棉肺监测。在云南、湖北、河北、甘肃、宁夏和广西完成120 000名铅接触工人的铅中毒监测。在湖南、河北、重庆完成4500名苯及其苯系物接触工人的苯及其苯系物中毒监测。在河南、吉林省完成3000名镉接触工人的镉中毒监测。在陕西、黑龙江完成4500名锰接触工人的锰中毒监测。在重庆、内蒙古和新疆完成4500名汞接触工人的汞中毒监测。在河北、吉林、河南完成4500名有机溶剂接触工人的有机溶剂中毒监测。

项目内容为：对县区内职业卫生基本情况进行调查，包括经济开展基本状况、人口资料、主要职业危害的分布、行业分布、人群分布。在此基础上确定哨点监测企业；选择重点监测的职业人群，对目标疾病开展哨点现况调查和监测，包括监测企业的基本情况、劳动者的健康状况以及作业场所监测情况，并建立职业健康监护档案，开展健康教育；对调查中发现的可疑职业病患者进行职业病诊断，对确诊的职业病患者按国家职业病网络直报的要求进行网络直报和追踪管理；职业病调查工作完成后，按要求对作业现场进行职业病危害因素现场调查，撰写监测和调查报告，分析职业病危害因素与职业病监测数据之间的关系，提出下一步干预措施；建立工作场所职业危害因素监测评估数据库。

项目的组织实施包括：中央财政安排的职业病哨点监测专项补助资金主要用于哨点县开展监测人员培训、职业病监测、职业健康档案建立、职业病诊断、职业病报告以及与健康损害相关的作业场所监测数据的统计分析及报告。原卫生部根据项目内容统一编制有关项目的实施方案。原卫生部将根据项目实施情况对各项目省（自治区、直辖市）的项目实施效果进行专项检查。各县级疾病预防控制机构负责哨点监测任务的落实和实施。省级疾病预防控制和职业病防治机构负责哨点县的选择和技术指导及督导。中国疾病预防控制中心负责哨点监测方案的起草，全国职业健康监测数据和工作场所职业病危害因素监测数据的质量控制、汇总、统计分析和撰写全国哨点监测报告。经费用途：职业病调查费用补助。

自 2009 年开始，原卫生部陆续在全国设立了 120 个监测哨点（不含放射性职业病），对尘肺病等重点职业病组织开展了监测工作。2012 年增加 12 个哨点，达到 132 个点；2013 年增加 9 个哨点，哨点数增加至 141 个；2014 年增加至 160 个。

五、2011 年和 2016 年修订后《职业病防治法》

2011 年和 2016 年修订后的《职业病防治法》中第十二条　有关防治职业病的国家职业卫生标准，由国务院卫生行政部门组织制定并公布。国务院卫生行政部门应当组织开展重点职业病监测和专项调查，对职业健康风险进行评估，为制定职业卫生标准和职业病防治政策提供科学依据。

县级以上地方人民政府卫生行政部门应当定期对本行政区域的职业病防治情况进行统计和调查分析。

进一步明确了开展重点职业病监测是法定要求。

第二节　重点职业病监测与职业健康风险评估项目工作方案

为预防、控制职业病，保护劳动者职业健康，根据《职业病防治法》要求，中央财政安排专项资金，用于开展全国重点职业病监测与职业健康风险评估工作。重点职业病，是指接触煤尘（煤矽尘）、矽尘、石棉、苯、铅、噪声、布鲁菌等 7 种职业病危害因素所致的煤工尘肺、矽肺、石棉肺和石棉所致肺癌和间皮瘤、苯中毒及苯所致白血病、铅中毒、噪声聋及布鲁菌病。工作方案如下：

一、监测目标

通过收集与本方案中重点职业病相关的信息,研究分析我国重点职业病(包括疑似病例)的发病特点、变化趋势和规律,为制定职业病防治策略提供技术依据。

二、监测范围

监测范围覆盖全国 31 个省、自治区、直辖市和新疆生产建设兵团,各省份以地市级行政区划为单位开展监测工作,覆盖辖区内所有县级行政区。原则上,本方案中重点职业病均应纳入监测范围。监测对象为辖区内接触重点职业病危害因素的所有劳动者。

监测工作由各地承担职业病防治任务的机构(以下简称职业病监测机构)承担,省级职业病监测机构负责组织实施和指导,地市级职业病监测机构应指定专门的监测部门和人员负责监测工作,县级职业病监测机构积极参与,提供相关信息。

三、监测内容与方法

1. 监测内容

(1)辖区内重点职业病职业健康检查情况:包括接触重点职业病危害因素的劳动者人数、当年接受职业健康检查的劳动者人数、疑似职业病人数及职业禁忌证检出人数等。

(2)辖区内重点职业病诊断与鉴定情况:包括进行职业病诊断人数、疑似职业病人数、确诊职业病人数、申请职业病鉴定的人数、职业病鉴定结论与原诊断结论不符的例数。

收集与重点职业病病例相同或相似岗位的职业病危害因素接触水平、采取的职业病防护设施、个人使用的职业病防护用品、职业卫生管理措施等调查资料。

(3)辖区内重点职业病危害因素相关信息:结合职业病防治情况统计和调查工作,了解辖区内存在重点职业病危害因素的用人单位的相关信息,如用人单位职业病危害因素申报情况、接触职业病危害因素的劳动者人数、外包工人数、职业病危害因素监测和检测等信息。

(4)辖区内职业病患者工伤保险待遇落实情况:包括用人单位向所在地劳动保障行政部门报告的职业病(含重点职业病)人数、依法应享受工伤保险待遇的人数。

(5)辖区内职业病报告情况:依托职业病与职业卫生信息监测系统,对辖区内当年报告的职业病发病情况进行统计分析。

（6）辖区内其他职业病监测：可根据当地职业病危害因素实际情况，自选3种其他职业病作为监测内容。

2. 监测方法　地市级职业病监测机构负责收集重点职业病相关数据，数据起止时间为当年1月1日至12月31日。

监测工作应与职业病报告、职业健康检查、职业病诊断与鉴定、职业病防治情况统计和调查分析、职业病危害因素监测评价等工作相结合，与相关部门提供的职业病危害项目申报、职业病危害因素监测和检测、职业病患者工伤保险待遇落实等信息相结合。

职业健康检查、职业病诊断与鉴定、职业病报告情况分别向职业健康检查机构、职业病诊断或鉴定机构、承担职业病报告数据管理的职业病监测机构收集。职业病危害因素情况向安全生产监管部门收集，职业病患者工伤保险待遇落实情况向劳动保障行政部门收集。

对本辖区内存在重点职业病危害因素且职业病危害风险分类为"严重"的用人单位（或建设项目），省级、地市级职业病监测机构应抽查5%~10%，了解现场职业病危害因素情况。

自选监测病种应在省级统筹考虑，根据当地职业病危害因素实际情况，可选择新发职业病人数较多的病种或新纳入《职业病分类和目录》的病种，也可选择尚未纳入《职业病分类和目录》但具有监测价值的健康损害。

3. 数据处理和报告撰写　地市级职业病监测机构对收集的数据进行汇总和统计分析，按照统一编制、下发的重点职业病监测报表和数据库进行数据填写和录入，并报省级职业病监测机构审核。

地市级职业病监测机构应根据重点职业病监测数据，对辖区内所监测的重点职业病进行职业健康风险评估，并撰写《重点职业病监测与职业健康风险评估年度报告》，风险评估至少应包括辖区内所监测重点职业病的类型分布、发病人群、发病趋势、发病行业等。年度报告（包括数据库）应于下一年1月5日前上报省级职业病监测机构和同级卫生行政部门。

省级职业病监测机构汇总分析后于下一年1月10日前将《重点职业病监测与职业健康风险评估年度报告》（包括数据库）上报中国疾病预防控制中心和同级卫生行政部门。各省级卫生行政部门要将本项目年度工作总结同时上报国家卫生健康委疾控局。工作总结应包括该项目对本地区和全国职业病防治的积极影响，经费分配使用和人员队伍能力情况，监测工作点面覆盖和体系建设情况，存在问题和对策建议等。

中国疾病预防控制中心汇总分析后于下一年1月30日前将《全国重点职业病监测与职业健康风险评估年度报告》报送至国家卫生健康委疾控局。

4.质量控制 各监测点应按照统一方法、统一标准、统一控制的原则开展监测工作,监测用表格和报表、质量控制及报告撰写要求等参见监测工作手册(另发)。通过统一组织的业务培训,保证获得数据的统一性、完整性和规范化。

四、项目管理要求

1.组织实施 国家卫生健康委疾控局负责重点职业病监测与职业健康风险评估工作的组织、实施和考核,负责制修订工作方案。

各省、市级卫生健康行政部门依据职责分别负责辖区内重点职业病监测与职业健康风险评估工作的组织实施和考核,制修订具体实施方案,充分发挥职业病监测机构的技术作用,确保工作进度。

2.技术保障 中国疾病预防控制中心负责制修订重点职业病监测与职业健康风险评估工作手册,培训省级职业病监测机构业务技术骨干,组织开展质量抽查和技术督导;负责制作数据库,汇总分析全国数据,撰写年度报告。

省级职业病监测机构负责审核、汇总分析地市级检测机构上报的监测数据,撰写年度报告;负责对辖区内承担职业病监测的机构和人员进行技术督导和培训,开展省级监测信息平台建设,对抽取的用人单位进行现场职业卫生学调查和数据验证复核。

承担监测工作的职业病监测机构应加强能力建设,设置专门的监测部门和人员负责收集、汇总分析监测数据及撰写年度报告,保存重点职业病监测原始数据,负责对抽查的用人单位进行现场职业卫生学调查及数据复核。

3.经费使用要求 项目经费主要用于加强监测点能力建设,开展与监测有关的技术指导和培训、质量控制、信息化建设、数据信息收集、核心数据验证复核、报告撰写等工作。

各级卫生行政部门要加强对项目的组织领导,严格执行中央财政专项资金使用管理规定,制定项目经费实施细则,加强经费管理,确保专款专用,提高资金使用效益。

第三节 工 作 内 容

一、重点职业病监测的工作内容

重点职业病监测是指对接触重点职业病危害因素的人群,收集健康状况改变及其相关信息,为分析重点职业病发病特点、规律和趋势,评价重点职业病预防控制效果提供依据。重点职业病的种类由卫生行政部门根据职业病发病人数、职业接触人数和对劳动者健康损害的严重性来确定。目前，已在开展重点监测的职业病有煤工尘肺、矽肺、石棉肺、铅中毒、苯中毒、镉中毒、锰中毒、汞中毒、职业性肿瘤和放射性职业病危害等。具体工作内容有：

（一）监测哨点的选择

1. 监测哨点的设置　主要根据当地重点职业病危害因素、重点职业病、重点职业病地区、存在重点职业病危害用人单位以及职业病防治工作需要，在重点职业病危害人群中选择建立。也可以考虑设立返乡农民工人群监测哨点。

2. 以县级行政区划为单位设置监测哨点　各县（区、市）根据选定的职业病病种，按照可持续性和科学性的原则，提出设立监测哨点的人群和数量，监测哨点设在同一辖区的用人单位。

3. 县级承担重点职业病监测工作的机构要具有一定的工作基础和能力，能够承担并持续完成监测任务。

（二）收集职业健康监护资料

劳动者职业健康监护资料收集内容包括劳动者职业史、既往史和职业病危害接触史；职业健康检查结果及处理情况；职业病诊疗等劳动者健康资料；相应作业场所职业病危害因素监测结果。通过收集以上数据和资料，建立健全劳动者职业健康监护档案，动态分析劳动者健康状况改变，摸清职业病发病的特点、规律和趋势。职业健康检查项目按照《职业健康监护技术规范》（GBZ 188）的规定执行；职业病患者信息根据职业病诊断与鉴定结论进行统计报告。

（三）收集辖区基础信息资料

1. 基本情况　包括人口、经济指标。上年度辖区面积、主要自然资源、常住人口（男、女，年龄分布，受教育程度，城乡人口等）、劳动力人口（常住劳动力人口、流动劳动力人口）、死亡情况（死亡人数、死因构成等）、生产总值及构成。

2. 产业分布和职业人口指标　上年度辖区内的企业基本情况、主导工业的分布情况、产业结构、主要经济指标、职工数、生产工人数、主要职业病危害、接触职业病危害人数、生产总值及构成。

3. 有关职业卫生情况　职业病发病情况、职业卫生资源基本情况，包括卫生机构、人力、资金和设备等。

4. 重点职业病危害企业基本情况　主要原材料、主要产品、年产值，企业职工数、生产工人数、接触职业病危害人数，主要职业病危害因素，职业病危害防护措施，职业卫生组织管理、用于职业病防治的年度经费、工伤保险缴纳情况，历史职业病发病情况等。

（四）监测指标

1. 劳动者职业健康检查信息　包括：①劳动者人口学特征；②劳动者职

业史、既往史、家族史、妊娠史等；③职业健康检查结果；④劳动者工伤、职业病、尘肺病、恶性肿瘤等。

2. 职业健康检查项目　按照《职业健康监护技术规范》（GBZ 188）规定执行，并选择有针对性的检查指标。

3. 对检查结果的处理　对于调查检出的疑似职业病患者，由承担职业健康检查的机构依法告知劳动者并通知用人单位，并依法定程序进行职业病诊断。

4. 重点职业病危害因素监测指标　企业委托监测的职业病危害因素浓度水平（TWA、STEL）。

（五）质量控制

1. 现场调查的质量控制　包括：①调查人员的培训和素质：抽取有一定工作经验的职业流行病学、职业卫生现场采样、职业健康检查等多学科的专业人员作为调查人员，并对其进行统一的监测方法和技术培训；②调查方法采用国家统一制定的调查问卷进行调查，由经过培训的调查员进行调查。

2. 职业健康检查的质量控制　由具有职业健康检查资质的医疗机构具体负责重点职业病危害因素接触人群的职业健康检查工作。

3. 数据的质量控制　现场调查数据数据录入时，对缺漏项进行检查、核对，并抽取 5% 进行复核。

二、职业健康风险评估的工作内容

风险表示特定危险源产生危害的可能性，是危害和暴露函数。风险评估又称为危险度评估或危险度评价，职业健康风险评估是对劳动者暴露于特定职业环境下可能产生的不良健康影响的特征描述，是对特定职业病危害因素产生健康风险的识别和量化，是评估岗位、场所发生健康危害的风险，其目的是为了确定并提出相应的预防和控制措施。

进行职业健康安全风险评估首先要识别其产品、服务、活动、工作环境中存在的危险源；其次要认识存在的风险并了解其特征，例如其发生概率、危害范围、可能造成的损失大小等；然后评定是否可以容许该风险的存在，及风险的程度是否已低至法律法规和职业安全卫生政策允许的水平；最后作出容忍、控制、消除风险的决定。适当而足够的职业健康风险评估应包括以下内容：①识别所有的危险源；②评估事故出现的机会和频率；③对事故可能引发的后果进行分析、分级；④判断风险是否可以被容忍，辨别事关重大的风险；⑤如果风险或潜在后果不可以被容忍的话，辨别出必须做些什么；⑥提供资料作为决定优先处理项目的依据；⑦为制定在一段相当的时期内保持有效的控制方法提供依据。具体工作内容有：

（一）识别危险源

危险源识别指鉴别可能对健康产生有害影响的活动或暴露和可观察的有害影响的可能原因，是健康风险评估的第一步骤，其工作在于识别什么危害因素可以对人体健康产生影响。危害因素可以是物理因素、化学因素或生物因素，并且当人体累计足够的暴露时，会造成损伤、疾病或死亡。在危害识别程序上，有两个工作重点，一是危害因子可能产生的健康损害，一是产生危害因素的暴露资料。职业危害识别应解决的问题是工作场所存在哪些危害，谁遭受危害和如何遭受危害，危害产生的条件以及危害存在于哪些场所或生产环节等问题。

所要识别的危险因素包括有害物质（因素）、设备、工作过程和工作组织等。我国职业有害因素按其来源一般可分为生产工艺过程中产生的有害因素、劳动过程中的有害因素和生产环境中的有害因素3大类。其中，生产工艺过程产生的有害因素包括化学因素、物理因素和生物因素；劳动过程中的有害因素包括劳动组织和制度、精神（心理）性职业紧张、劳动负荷、器官和系统紧张和长时间处于不良体位及工具使用不合理等；生产环境中的有害因素包括自然环境、厂房建筑或布局不合理和不合理生产过程所致的环境污染。

（二）危害等级和暴露水平

危害可能造成事故后果的严重程度和暴露水平或事故发生的概率是评估危险性水平的重要指标。有毒化学物质危害等级（HR）评价指对生产装置单元的各种化学因素，根据其物质固有的毒性、刺激性、腐蚀性、致癌、致突变和致畸等，将其可能造成的危害程度分成不同的等级，确定 HR。有毒化学物质暴露等级（ER）指依据有毒物质的理化性质、暴露方式、接触时间、接触频率、防护措施等资料评价 ER。暴露评价是至关重要的环节。要得到更为准确的暴露评价结果，评价暴露时不应仅局限考虑几个暴露因素，要考虑大量的因素，考虑毒物的联合作用等。风险评估时，首先将上述重要指标划分成不同的等级，然后根据各自的评估理论，选用不同的指标来求算危险性水平，确定危险度。

（三）危险度的确定

危险性评价的最终目的是将危险降低到不至于使暴露者产生健康危害，这种危险通常称作可接受危险。危险的大小通常以危险度来表示。危险度分析的目的就是决定危险是否是可接受的，如果是可接受的，认为接触者相对无危险，如果是不可接受的，则判断其危险性水平，确定危险度等级，并根据不同水平的危险度，决定相应危险的防控措施优先级、采取有效的防控措施。危险度等级作为一个半定量指标是危险程度、暴露和伤害发生概率的综合，可通过这3个变量求算危险性水平，确定危险度等级。

（四）危险度管理

危险性评价用于危险度管理,确定危险度等级的目的是为了提出相应的管理措施。危险度管理是根据危险度等级确定控制措施优先级并实施相应的控制措施,对危险度进行跟踪评价的过程。分析存在的问题和薄弱环节,确定风险控制策略,依据有效性、可行性和经济性等原则,从降低风险发生的可能性和减轻风险危害等方面,提出预警、风险沟通及控制措施的建议,如确定职业卫生管理指标,制定涵盖工程措施、组织管理措施、个体防护措施等在内的职业卫生管理模块。

常用的纠正措施有:①选择消除或降低危险的有效措施,包括危害物质的取代、机械通风(局部排风或稀释通风)除尘、应用管理控制措施和个体防护用品(PPE)等;②安排暴露者职业卫生教育、培训措施;③决定是否需要监测;④决定是否需要医学监护;⑤建立应急救援预案。危险度跟踪评价体系的建立应综合考虑上述 5 个方面的防控措施。根据上述危险度管理的思路,对已实施的防控措施的防控效果进行评价,跟踪评价其现行危险度并记录、追踪其评价结果等。

第四节　管 理 要 求

一、重点职业病监测工作的管理要求

1. 加强组织建设、提高工作规范性　各级卫生行政部门要将重点职业病监测作为一项基础性和常规性业务工作,纳入工作计划,保持工作人员的稳定性,确保项目按时完成。项目结束后,认真撰写工作总结,对辖区内监测的重点职业病发病特点、规律和趋势进行分析,得出结论。

2. 加强审核、确保质量　加强对监测数据、资料(数据库)的审核,包括监测哨点资料的规范性、完整性,调查表内容的缺项值、极端值或歧义值以及逻辑错误等,确保监测数据、资料(数据库)质量。重点职业病监测原始数据、资料(数据库)要长期保存,遵守有关职业病防治的保密原则。

二、职业健康风险评估的管理要求

1. 成立专家评估组,确保评估全面性　应建立专门针对职业病危害风险评估的程序或工作过程,采取比较系统的方式来进行风险评估,以保证结论的全面、详尽和有效。应组织具有风险评估能力的人员来从事这项工作,可以由熟悉所使用的设备、材料和工作方式的一个或多个小组,采用互相发掘意见和进行观察的方式进行,大部分情况下专家的参与是必需的。这一过程应考虑到分析识别工作的费用和时间,以及可靠数据的可获得性。出于法规或其他目的所取得的信息可以在这一过程中使用。

2.加强风险管理,提高评估应用性

(1)用于危险识别、风险评估的方法应根据其范围、性质和时限加以界定,以确保方法是有计划的而不是临时性的。

(2)风险度评定主要包括两方面的内容,一是对有害因子的风险大小作出定量估算与表达。二是对评定结果的解释与对评价过程的讨论,特别是对评定中存在的不确定性作出评估,即对风险评估结果本身的风险作出评价。同时,风险管理是一个动态的管理过程,并随时间、管理措施、作业活动、工艺过程等的改变而改变。

第十一章

职业健康检查中职业病危害因素识别作用

第一节　职业病危害因素识别

在职业病危害因素识别过程中应注意它的专业性、科学性及重要性,做到方法正确,结论可靠。

一、识别的依据

1. 标准、规范;
2. 专业知识;
3. 行业特点。

二、识别的原则

1. 全面识别;
2. 主次分明;
3. 定性与定量相结合;
4. 明确分布范围及危险度。

三、识别的内容

1. 职业病危害因素的来源;
2. 职业病危害因素的分布;
3. 职业病危害因素影响的人员。

四、识别的方法

1. 经验法　依据掌握的相关专业知识和实际工作经验,借助经验和判断能力直观地对拟体检单位工作场所存在或产生的职业病危害因素进行辨识分析的方法。适用于传统行业的传统工艺。

2. 类比法 利用相同或类似工程职业病危害因素调查和监测、统计资料进行类推，分析拟体检单位工作场所存在或产生的职业病危害因素。适用于已完成的同类工艺。也叫资料复用法。

3. 检查表法 对拟体检单位的工作场所、装置、设备、生产环节、劳动过程的相关要素以检查表的方式进行逐项检查，辨识分析各环节可能存在或产生的职业病危害因素。适用范围较广。

4. 工程分析法 对拟体检单位的工艺流程、化学反应原理、原辅材料及其杂质种类含量及设备布局等进行分析，推测生产过程固有的、潜在的及可能产生的职业病危害因素。适用于新工程、新工艺、新技术、新材料的企业等。不易找到类比对象。

5. 检测检验法 也叫实测法。在对工作场所进行职业卫生学调查的基础上，应用采样分析仪器对可能存在的职业病危害因素进行鉴别分析。适用于混合性、不确定的因素的工艺。实测法能弥补其他识别方法的不足。

6. 理论推算法 噪声叠加强度推算；有毒气体泄漏——有毒气体半球扩散模型。

7. 其他方法 系统分析、排查法，健康监护结果、案例分析倒推法，文献检索法，相关新研究、新技术、新产品、新化学物报道信息分析法。

五、识别的作用

1. 职业健康监护（体检机构）；

2. 职业病诊断（诊断机构）；

3. 职业病危害因素检测与评价（检测评价机构）；

4. 职业病防护设施设计（设计机构）；

5. 职业病防治工作（用人单位）；

6. 职业卫生监督与管理（行政部门＋行业协会）；

7. 职业流行病学调查及职业病危害相关科学研究（检测评价机构、研究机构）。

六、识别的程序

（一）收集资料

主要收集以下几个方面的资料：

1. 拟体检单位的基本情况（产品、规模、规模、定员、班制等）；

2. 生产过程中使用的原辅材料、中间产品、产品及副产品情况；

3. 生产工艺情况；

4. 生产设备及布局情况；

5. 所用化学品的理化特性及毒性特征；

6. 健康监护资料；

7. 检测资料；

8. 相关评价报告等。

（二）现场调查与类比调查

重点关注以下几方面的问题：

1. 原辅材料用量与产量，杂质含量；

2. 原料、辅料等加料口位置及其密封情况；

3. 毒性大、常温下挥发性强、易发生急性职业中毒岗位（物品）的管理；

4. 防尘、防毒、防噪声等卫生防护设施和管理措施运行情况；

5. 检维修等特殊过程中职业病危害情况；

6. 职业病危害因素影响范围与作业人员接触的关系；

7. 事故、应急救援预案落实与演练情况。

（三）工程分析

主要包括以下内容：

1. 生产过程使用的原辅材料、中间产物、产品、副产品名称与用量或产量，有害杂质种类含量等；

2. 岗位设置及人员数量；

3. 主要工艺水平、工艺过程与物料转化情况；

4. 生产设备及其布局，以及职业病危害因素交叉污染情况；

5. 职业病危害防护设施及落实情况。

通过收集资料、现场调查与类比调查及工程分析后，初步识别生产工艺过程、劳动过程、生产环境可能存在的职业病危害因素及其来源、特点与分布。

（四）职业病危害因素筛选

在深入分析、全面了解拟体检单位职业病危害因素后，应根据以下几个方面筛选主要职业病危害因素，作为职业健康检查项目的依据：

1. 有害因素用量大、挥发性高；

2. 对人体危害性大、毒性高；

3. 现场浓度（强度）较高、出现机会多；

4. 作业人员接触人数多、机会多；

5. 有国家职业接触限值标准；

6. 是否在 GBZ 188 中；

7. 有采样检测国家标准；

8. 有国家职业病诊断标准；

9. 特殊健康影响等。

对于一些通过现场调查、工程分析等还不能全面定性识别的，应采用气相色谱 - 质谱分析仪等先进设备进行实测，进行定性与定量，以免遗漏重要职业病危害因素。

(五)职业病危害因素识别分析应关注的重点环节

1. 原辅材料

(1)种类、数量；

(2)形态：气体、固体、液体、气溶胶；

(3)理化特性：挥发性、熔点沸点；

(4)储运、装卸；

(5)加料、投料；

(6)杂质(金属矿料、石油气等的铅、砷、磷、硫、氨)；

(7)产地(煤炭、原油)；

(8)毒性资料及质检报告资料。

2. 生产过程

(1)生产原理：条件；

(2)化学过程：化学反应、物料转化；

(3)物理过程：压力、温度、机械挤压切割；

(4)物理化学过程；

(5)生产方式；

(6)设备选型；

(7)工艺水平：密闭化、自动化程度：①生产工艺(主要因素)；②反应条件(温度、压力、时间、催化剂)；③工艺设备(自动化水平、密闭程度)；④设备布局(远距离控制)。

3. 产品、副产品

(1)种类、数量；

(2)形态；

(3)包装、储运；

(4)废品废物(废气、废液、废渣)；

(5)物料平衡：去向。

第二节 职业健康检查中职业病危害因素识别应用举例

开展职业健康检查工作,前提是对劳动者工作场所接触的职业病危害因素进行识别,需针对劳动者接触的职业病危害因素的种类来决定检查项目。

通过分析职业健康检查机构有关苯、甲苯和二甲苯(又称"三苯")作业职业健康检查中存在的问题,说明职业健康检查中职业病危害因素识别的重要性。

一、"三苯"基本信息

"三苯"是重要的有机化工原料,主要用做溶剂、稀释剂和原材料,在油漆、喷漆、制鞋、皮革制造、印刷和石油化工等行业应用广泛。

"三苯"在生产环境空气中以蒸气状态存在,主要通过呼吸道进入人体,然后分布于含类脂质较丰富的组织。苯主要分布在骨髓、脑及神经系统,尤以骨髓中含量最高,约为血液中的20倍;甲苯、二甲苯以脂肪组织、肾上腺含量最多,其次为脑、肝脏和骨髓。

苯在《职业性接触毒物危害程度分级》中被列为Ⅰ级,属于极度危害,并列入《高毒物品目录》;苯已被国际癌症研究机构定为Ⅰ类化学致癌物,在《职业病危害因素分类目录》中被列为可能导致苯中毒的职业病危害因素,法定职业病为"苯中毒、苯所致白血病"。苯对人体的急性毒作用主要表现为对中枢神经系统的损害,慢性毒作用主要表现为对造血组织及神经系统的损害,职业禁忌证为血常规异常者及造血系统疾病。因此,我们需要对接触苯作业的劳动者实施重点健康监护。

甲苯的急性影响是以中枢神经功能障碍和皮肤黏膜的刺激症状,慢性影响主要表现为神经衰弱综合征,对造血系统的影响并不明显。有些研究表明,甲苯具有神经性行为学、视觉、生殖、胎儿发育毒性。有数起甲苯中毒的案例,它可致死,损害中枢神经系统、心脏、肾脏和肝脏,以及致死性乙醇样中毒综合征。

二甲苯对眼及上呼吸道有刺激作用,高浓度时对中枢神经系统有麻醉作用,长期接触可导致神经衰弱综合征,女工月经异常,皮肤发生干燥、皲裂、皮炎等,对造血系统的影响不明显。液态二甲苯可致皮肤红斑、干燥与脱脂。

苯在职业病防治工作中占有一定的位置。原卫生部通报的"2009年职业病防治工作情况"前3位致慢性职业中毒的化学物质为铅、苯、砷及其化合物,苯位居第二位；国家卫计委公布的"关于2012年职业病防治工作情况通报"致慢性职业中毒的化学物质，苯位居第一位。

苯、甲苯、二甲苯对人类损伤的靶器官不同，其职业健康检查的项目也应不同。苯的靶器官为造血系统，甲苯、二甲苯的靶器官为非造血系统。GBZ 188—2014 中 5.19 中：苯（接触工业甲苯、二甲苯参照执行，CAS No.71-43-2），原因是工业甲苯、二甲苯不纯，含有一定量的苯。

二、"三苯"的识别

由于国际上各类标准对苯的限制使用，以及国际贸易组织对苯的抵触，一些有机化工原料已经开始使用无毒或低毒物质代替苯。如制鞋业使用混合溶剂胶、无苯系物胶、水基胶、热熔胶或氯丁胶等低毒物质代替苯和甲苯作为黏接剂；制药工业用乙醇代替苯作溶剂或萃取剂；喷漆作业使用无苯稀料等等。因此，实际生产过程中，很多劳动者接触的是有机化工原料中的甲苯、二甲苯，而不是苯。

在实践中，部分职业健康检查机构发现用人单位提供的资料中有脂肪族、脂环族、芳香族、油漆、稀料、黏接剂等有机化工原料，或提供的评价资料中识别了苯，不论其MSDS（化学品安全说明书）资料中有无苯的含量，也不论作业场所检测报告是否有苯的检出，甚至不做定性与定量分析，一律按接触"苯"进行健康检查，却忽视了甲苯、二甲苯的健康监护，其结果是"三苯"作业职业健康检查项目不正确，结果错误，判定结论出现问题。个别劳动者因其他原因出现了白细胞减少等血常规问题，还会导致误诊，引起职业健康检查机构、用人单位和劳动者之间的纠纷；也未达到职业健康检查的目的。

目前，甲苯、二甲苯的体检项目尚不在 GBZ 188 范围内，属于选检范畴。如需要做职业健康监护，应本着企业参照执行的原则，职业健康检查机构应向用人单位说明选检项目的意义，双方共同协商决定是否进行选检项目的检查，并按照 GBZ 188—2014 中 4.4.4 的要求，需通过专家评估后确定。

"三苯"作业在岗期间职业健康检查中职业病危害因素的识别及检查项目的确定是职业健康检查机构质量控制的关键，一旦危害因素识别出现问题，不但严重影响工作质量，还会出现一系列连锁反应。表现为：

1. 危害因素识别错误；

2. 体检项目确定错误；

3. 靶器官检查错误；

4. 职业禁忌证与目标疾病判定错误；

5. 结论错误；

6. 合同签订错误；

7. 错误治疗或延误治疗；

8. 一旦白细胞异常或白血病；

9. 引起纠纷。

三、引起"三苯"作业过度职业健康检查的原因

1. 用人单位提供资料不完善，职业健康检查机构被误导；

2. 未进行 MSDS 分析或分析不到位；

3. 未进行现场职业卫生调查；

4. 未参照工作场所空气中职业病危害因素检出数据；

5. 未进行苯的定性与定量分析；

6. 体检机构经验不足。

接触甲苯、二甲苯按照苯进行职业健康检查也是目前职业健康检查机构普遍存在的问题。

四、作业场所空气样品中"苯"未检出原因

1. 辅料中不存在；

2. 工艺反应过程不产生"苯"；

3. 密闭性好，未漏出；

4. 自动化水平高或远距离操作——不接触；

5. 露天布置，散发了；

6. 采样地点不对；

7. 采样时机不对；

8. 采样方法不对；

9. 样品保管不对；

10. 化验室误差。

总结：

拟体检单位提供原辅料的 MSDS 资料中涉及"三苯"的，一定要参考作业场所职业病危害因素检测数据；若不能提供，要对现场进行职业卫生调查；还不清楚，让用人单位提供原辅料的定性与定量资料。待弄清接触的是苯还是甲苯或二甲苯后，再依据 GBZ 188《职业健康检查技术规范》确定职业健康检查项目。

第十二章

其 他

第一节 《职业病防治规划》(2016—2020)
相关内容解读

一、职业卫生监督的法律体系

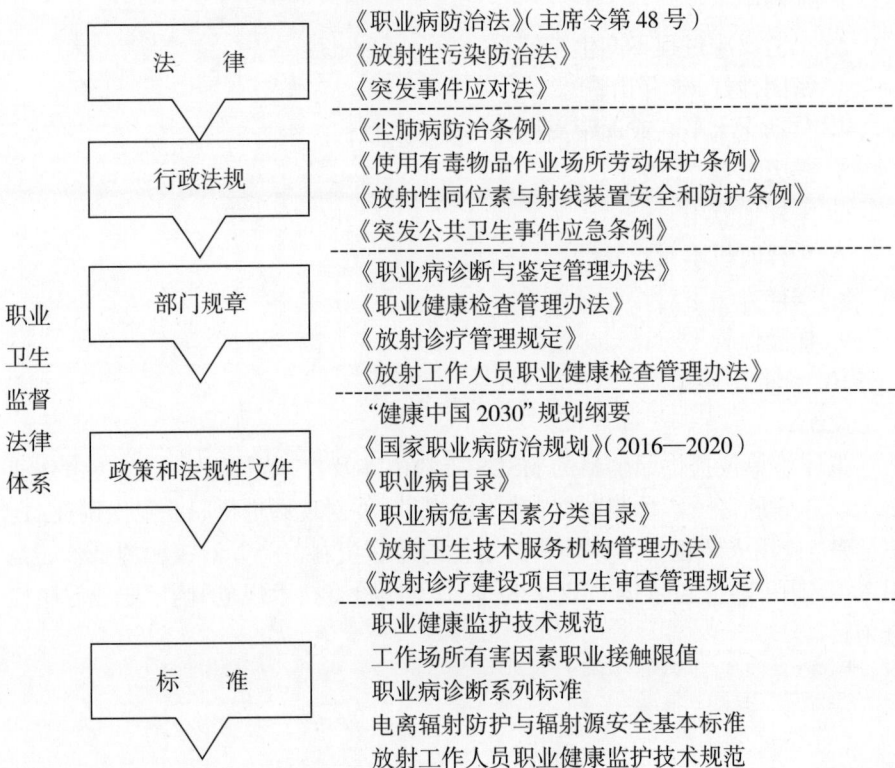

法 律	《职业病防治法》(主席令第48号)
	《放射性污染防治法》
	《突发事件应对法》

职业卫生监督法律体系

行政法规	《尘肺病防治条例》
	《使用有毒物品作业场所劳动保护条例》
	《放射性同位素与射线装置安全和防护条例》
	《突发公共卫生事件应急条例》

部门规章	《职业病诊断与鉴定管理办法》
	《职业健康检查管理办法》
	《放射诊疗管理规定》
	《放射工作人员职业健康检查管理办法》

政策和法规性文件	"健康中国2030"规划纲要
	《国家职业病防治规划》(2016—2020)
	《职业病目录》
	《职业病危害因素分类目录》
	《放射卫生技术服务机构管理办法》
	《放射诊疗建设项目卫生审查管理规定》

标 准	职业健康监护技术规范
	工作场所有害因素职业接触限值
	职业病诊断系列标准
	电离辐射防护与辐射源安全基本标准
	放射工作人员职业健康监护技术规范

图12-1 职业卫生监督法律体系

二、职业卫生监督现状与问题

（一）法规体系逐步健全

全国各地积极推进地方立法以及规范、标准的制（修）订工作，将职业病防治工作纳入当地国民经济和社会发展规划。

至 2016 年底，全国已有 30 个省（自治区、直辖市）卫生计生行政部门共出台 219 个相关配套文件。

25 个省（自治区、直辖市）以政府名义印发了职业病防治工作规划。

（二）职业病防治机构建设持续推进

截至 2015 年底，全国共有职业健康检查机构 3497 家、职业病诊断机构 580 家（较 2009 年分别增加了 92.9%、39.4%）、鉴定办事机构 315 家。

基本实现职业健康检查机构覆盖到县区、职业病诊断和鉴定办事机构覆盖到地市的目标。

（三）职业病防治工作成效显著

从 2009 年起，在全国逐步建立尘肺病、职业中毒、职业性放射性疾病等重点职业病监测哨点，开展职业健康风险评估。

监督执法效能明显提升，建立首席监督员制度，培训一大批职业卫生、放射卫生监督员，为全国职业病防治工作提供了有力支持。

2012—2015 年，全国共查处职业卫生、放射卫生违法案件 4212 起，罚款 3186.2 万元。

全国约有放射诊疗机构 5.6 万家。全国共有放射诊疗设备 12 万余台。全国共有放射工作人员 22.3 万人。

（四）职业卫生、放射卫生监管现状

根据 2016 年信息报告，全国各级卫生计生监督机构对职业健康检查和职业病诊断等机构的监督覆盖率 82.9%，处罚案件 89 件，罚款 123 万元；全国放射诊疗建设项目卫生审查 2150 项，放射诊疗许可 5116 件，放射诊疗单位监督覆盖率 83.6%，放射诊疗案件查处 3076 件，罚款金额 2809.3 万元。

（五）职业病防治工作面临的主要问题和挑战

1. 职业病危害严重，全国每年新报告职业病病例近 3 万例。

2. 用人单位主体责任落实不到位。

3. 职业卫生监管和职业病防治服务能力不足。

4. 部门协作机制不完善。

5. 信息化建设滞后。

6. 新的职业病危害问题不断出现。

三、职业病防治规划的主要内容

国务院办公厅关于印发《国家职业病防治规划（2016—2020年）的通知》国办发〔2016〕100号。

各省、自治区、直辖市人民政府，国务院各部委、各直属机构：《国家职业病防治规划（2016—2020年）》已经国务院同意，现印发给你们，请认真贯彻执行。国务院办公厅2016年12月26日。

《国家职业病防治规划（2016—2020年）》提出：职业病防治事关劳动者身体健康和生命安全，事关经济发展和社会稳定大局。党中央、国务院高度重视职业病防治工作。

《"健康中国2030"规划纲要》明确：强化行业自律和监督管理职责，推动企业落实主体责任，推进职业病危害源头治理，预防和控制职业病发生。

（一）《"健康中国2030"规划纲要》与职业病防治的相关内容

深入推进国家卫生城镇创建；建设健康城市和健康村镇。到2030年，建成一批健康城市、健康村镇建设的示范市和示范村镇。

国家卫生城市标准（2014版）规定：贯彻落实《中华人民共和国职业病防治法》，用人单位作业场所职业病危害因素符合国家职业卫生标准。按照《职业健康监护技术规范》要求，对从事接触职业病危害作业的劳动者开展职业健康检查，开展职业健康教育活动。近3年未发生重大职业病危害事故。

发展健康服务新业态。引导发展专业的医学检验中心、医疗影像中心、病理诊断中心和血液透析中心等。支持发展第三方医疗服务评价、健康管理服务评价，以及健康市场调查和咨询服务。鼓励社会力量提供食品药品检测服务。完善科技中介体系，大力发展专业化、市场化医药科技成果转化服务。

全面深化医药卫生体制改革。加快建立更加成熟定型的基本医疗卫生制度，维护公共医疗卫生的公益性。

推进政事分开、管办分开，理顺公立医疗卫生机构与政府的关系，建立现代公立医院管理制度。

健全卫生计生全行业综合监管体系。

（二）国家职业病防治规划（2016—2020年）

1. 规划目标

（1）到2020年，建立健全用人单位负责、行政机关监管、行业自律、职工参与和社会监督的职业病防治工作格局。

（2）职业健康监护工作有序开展。

（3）建立健全省、市、县三级职业病防治工作联席会议制度。

（4）职业病防治服务网络和监管网络不断健全，职业卫生监管人员培训实现全覆盖。

（5）重大急性职业病危害事故、慢性职业性化学中毒、急性职业性放射性疾病得到有效控制。

（6）工作场所职业病危害因素定期检测率达到80%以上。

（7）接触职业病危害的劳动者在岗期间职业健康检查率达到90%以上。

（8）主要负责人、职业卫生管理人员职业卫生培训率均达到95%以上。

（9）医疗卫生机构放射工作人员个人剂量监测率达到90%以上。

2. 主要任务和推进信息化建设的内容

（1）主要任务

1）依法履行监管职责。加大对职业病诊断机构和职业健康检查机构的监督检查力度，严肃查处违法违规行为。

2）加强职业卫生监管网络建设，逐步健全监管执法队伍。

3）推动职业卫生工作重心下沉，逐步引导基层医疗卫生机构参与职业健康管理和健康促进工作。大力提升基层监管水平。

4）指导用人单位建立完善职业健康监护制度，组织劳动者开展职业健康检查，配合开展职业病诊断与鉴定等工作。

5）建立用人单位和职业卫生技术服务机构"黑名单"制度，定期向社会公布并通报有关部门。

6）注重发挥行业组织在职业卫生监管中的作用。

（2）推进信息化建设

1）建立统一、高效的职业卫生监督执法信息管理机制，推动执法工作公开透明。

2）建立完善重点职业病与职业病危害因素监测、报告和管理网络。

3）规范职业病报告信息管理工作，提高上报信息的及时性、完整性和准确性。

4）加强部门间信息共享利用。将职业病防治纳入全民健康保障信息化工程，充分利用互联网、大数据、云计算等技术做好防治工作。

5）开展宣传教育和健康促进：

6）广泛宣传职业病防治法律法规和相关标准，普及职业病危害防治知识。

7）积极利用"职业病防治法宣传周"开展各种形式的宣传活动。

8）创新方式方法，开展健康促进试点，推动"健康企业"建设，营造有益于职业健康的环境。

3. 保障措施

（1）加强组织领导。

（2）纳入本地区国民经济和社会发展总体规划。

（3）健全职业病防治工作联席会议制度。

（4）完善职业病防治工作责任制。

（5）建立防治目标和责任考核制度。

（6）制定年度工作计划和实施方案。

（7）建立长效工作机制。

（8）落实部门责任。

（9）负责对职业病报告、职业健康检查、职业病诊断与鉴定、化学品毒性鉴定等工作进行监督管理。

（10）开展重点职业病监测、职业健康风险评估和专项调查。

（11）开展医疗卫生机构放射性职业病危害控制的监督管理。

（12）健全法律法规和标准。

（13）职业健康检查、职业病诊断与鉴定等法律制度。

（14）制定职业病报告、职业健康管理等工作规范。

（15）完善重点职业病、职业性放射性疾病等监测和职业健康风险评估技术方案。健全用人单位职业病危害因素工程控制、个体职业防护、职业健康监护、职业病诊断等国家职业卫生标准和指南。

4. 督导与评估 2020年组织规划实施的终期评估。各地区要结合工作实际研究制定本地区职业病防治规划，明确阶段性目标和工作分工，加大督导检查力度，确保目标任务圆满完成。

四、职业卫生监督面临主要任务

1. 认真组织学习《职业病防治法》《"健康中国 2030"规划纲要》和《国家职业病防治规划（2016—2020 年）》及贯彻实施的文件方案。

2. 进一步健全部门联席会议制度，加强部门协调配合，组织开展联合督查和层级督查，消除监管空白和盲区。

3. 进一步厘清内部职责，明确分工，建立健全内部沟通和衔接机制。

4. 完善法律法规配套规章规范和标准的建设。

5. 加强职业卫生监管队伍和机构建设。

6. 加强事中事后监管，落实"双随机，一公开"措施。

7. 加强职业卫生监督检查，依法查处违法行为。

8. 加强信息化建设。

9. 制定规划实施方案，实施有效评估和目标考核。

五、其他要求

1. 贯彻落实原国家卫生计生委、中央编办等 6 部门《关于进一步加强卫生计生综合监督行政执法工作的意见》（国卫监督发〔2015〕91 号）。

2. 贯彻国务院"双随机一公开"要求 要建立随机抽取检查对象、随机选派执法检查人员的"双随机"抽查机制,严格限制监管部门自由裁量权。其中,建立健全市场主体名录库和执法检查人员名录库,通过摇号等方式,从市场主体名录库中随机抽取检查对象,从执法检查人员名录库中随机选派执法检查人员。推广运用电子化手段,对"双随机"抽查做到全程留痕,实现责任可追溯。

3. 电子证照 2017 年 2 月 28 日,原国家卫生计生委公布了关于修改《医疗机构管理条例实施细则》的决定。其中,将第三十八条修改为:"各级卫生计生行政部门应当采用电子证照等信息化手段对医疗机构实行全程管理和动态监管。有关管理办法另行制定"。

4. 国务院执法全过程记录 2017 年 2 月 10 日,国务院办公厅印发了《推行行政执法公示制度全过程记录制度重大执法决定法制审核制度试点工作方案的通知》(国办发〔2017〕14 号文件),江苏省卫生监督所成为国务院执法全过程记录全国卫生计生部门唯一的试点单位。

第二节 职业卫生标准体系及应用

一、职业卫生标准体系概述

1. 定义 《〈中华人民共和国职业病防治法〉条文释义》:"是根据职业病防治法的规定,按照预防、控制和消除职业病危害,防治职业病,保护劳动者健康及其相关权益的实际需要,由法律授权部门对国家职业病防治的技术要求作出的强制性统一规范,如用人单位工作场所职业病危害因素的职业接触限值、健康监护技术条件要求、职业病诊断原则及处理技术要求以及有关职业病危害因素监测评价方法等。"

2. 特点 具有规范性、强制性和社会性,制定职业卫生标准时要考虑科学性和社会经济可行性。

3. 制定程序 国家职业卫生标准由国家职业卫生标准委员会按照《全国卫生标准技术委员会章程》及有关规定审查,通过后,由国家卫生计生行政部门批准,并以通告形式公布。

国家职业卫生标准的代号由大写汉语拼音字母构成。强制性标准的代号为"GBZ",推荐性标准的代号为"GBZ/T"。

国家职业卫生标准的编号由国家职业卫生标准的代号、发布的顺序号和发布的年号构成,示例:GBZ 1—2010 工业企业设计卫生标准。

4. 制定原则 包括:①职业卫生标准的制定要建立在危险度评估(包括

实验室和现场)等科学研究基础之上,既要符合 WTO 的要求,也要充分考虑我国当前的经济和技术的可行性;②优先制定与国计民生、职业卫生和对劳动者健康影响大的标准;③鼓励借鉴国际标准和已有的国内外科研成果;④鼓励企业、行业制定职业卫生行业标准,在可能条件下转化为国家标准;⑤加强制定职业卫生基础性标准工作。

二、发展的历史沿革

1956 年,我国以前苏联标准为蓝本,首次颁布了《工业企业设计暂行卫生标准(标准 -101-56)》,内含 53 项有害物质的最高容许浓度。

1963 年修订后改为《工业企业设计卫生标准(国标建 GBJ 1—62)》。

1979 年,再次修订后为《工业企业设计卫生标准(TJ 36—79)》,其中包括 111 项有害物质和 9 项生产性粉尘的卫生标准。

自 80 年代开始,在多年研究的基础上,多项标准相继颁布,涉及粉尘卫生标准、工业毒物卫生标准、作业场所空气监测方法、生物监测方法、高温作业分级标准、体力搬运重量限值标准等 300 多项国家标准。

2002 版《职业病防治法》规定"有关防治职业病的国家职业卫生标准,由国务院卫生行政部门制定颁布",原卫生部于 2002 年 3 月 28 日发布了第 20 号部长令《国家职业卫生标准管理办法》,明确了国家职业卫生标准的范围,包括职业卫生专业基础标准,工作场所作业条件卫生标准,工业毒物、生产性粉尘、物理因素职业接触限值,职业病诊断标准,职业照射放射防护标准,职业防护用品卫生标准,职业危害防护导则,劳动生理卫生、工效学标准,职业性危害因素检测、检验方法等 9 大类。规定了国家职业卫生标准的立项、起草、审查、公布、复审和解释的程序和要求。修订后的 2011 版、2016 版和 2017 版《职业病防治法》规定"有关防治职业病的国家职业卫生标准,由国务院卫生行政部门组织制定并公布",表述略有变化,实质内容未变化。

国家标准系列:如《生产过程安全卫生要求总则(GB 12801)》《涂装作业安全规程—劳动安全和劳动卫生管理(GB 7691)》《玻璃工厂工业卫生与安全技术规程(GB 15081)》《工业企业总平面设计规范(GB 50187)》《建筑照明涉及标准(GB 50034)》《铅作业安全卫生规程(GB 13746)》等规定了某些作业场所的职业卫生与安全的技术要求,呈现出职业卫生与职业安全一体化、统一规范的特点。

国家职业卫生强制标准系列:GBZ 100 项。

国家职业卫生推荐标准系列:GBZ/T 164 项。

国家职业卫生行业标准系列:WS/T 175 项。

三、职业卫生标准体系

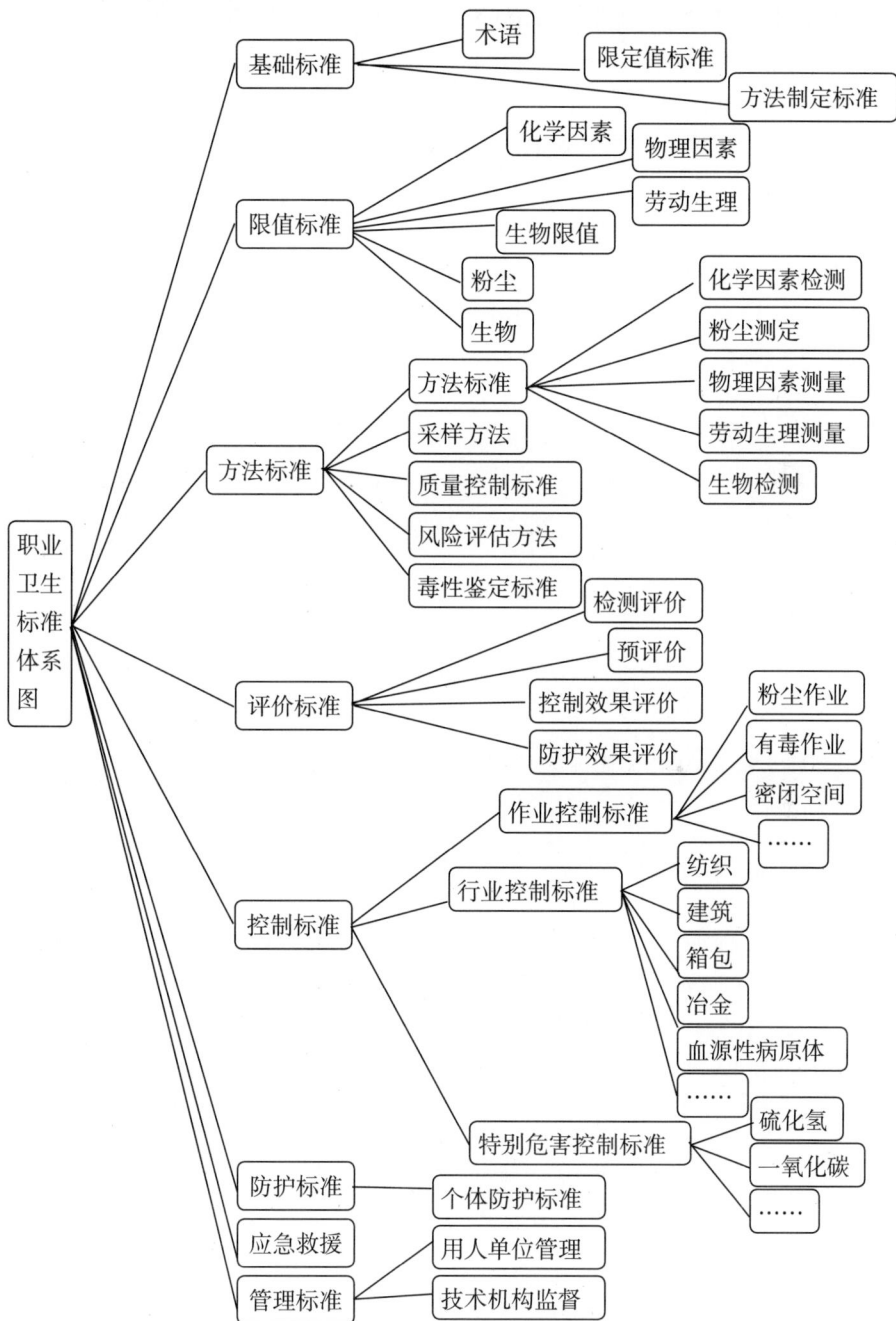

图 12-2 职业卫生标准体系

四、重要标准的内容介绍

《工业企业设计卫生标准》（GBZ 1—2010）

《工作场所有害因素职业接触限值》（化学有害因素 GBZ 2.1—2007、物理因素 GBZ 2.2—2007）

《职业健康监护技术规范》（GBZ 188—2014）

《职业病分类和目录》（国卫疾控发〔2013〕48 号）

《职业病诊断通则》（GBZ/T 265—2014）

《尘肺病诊断标准》（GBZ 70—2009）

《职业性噪声耳聋的诊断》（GBZ 49—2014）

《职业性苯中毒的诊断》（GBZ 68—2013）

《职业性慢性化学物中毒性周围神经病的诊断》（GBZ/T 274—2013）

《职业禁忌证界定导则》（GBZ/T 260—2014）

《工作场所危害警示标识》（GBZ 158—2003）

《职业禁忌证界定导则》（GBZ/T 267—2015）

五、标准应用情况

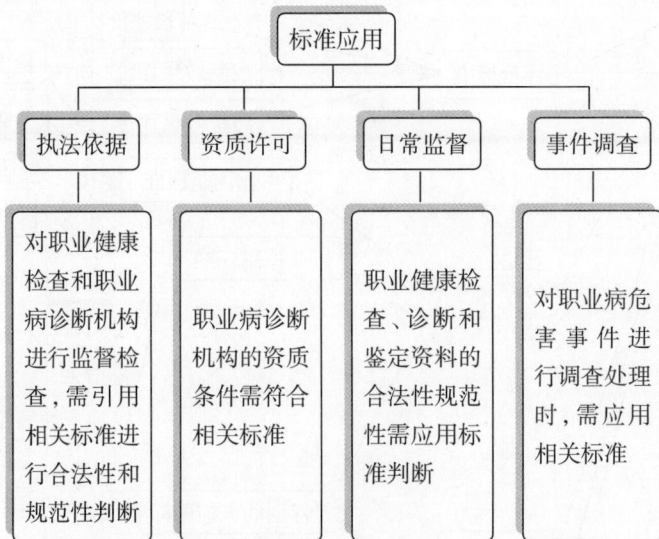

```
                    ┌──────────┐
                    │ 标准应用 │
                    └──────────┘
        ┌───────────┬──────┴──────┬───────────┐
  ┌──────────┐ ┌──────────┐ ┌──────────┐ ┌──────────┐
  │ 执法依据 │ │ 资质许可 │ │ 日常监督 │ │ 事件调查 │
  └──────────┘ └──────────┘ └──────────┘ └──────────┘
```

执法依据	资质许可	日常监督	事件调查
对职业健康检查和职业病诊断机构进行监督检查，需引用相关标准进行合法性和规范性判断	职业病诊断机构的资质条件需符合相关标准	职业健康检查、诊断和鉴定资料的合法性规范性需应用标准判断	对职业病危害事件进行调查处理时，需应用相关标准

图 12-3　标准应用

参考文献

1. 苏志.职业病防治\放射防护卫生监督.北京:法律出版社,2007.
2. 全国人大常委会法制工作委员会社会法室.中华人民共和国职业病防治法学习读本.北京:中国民主法制出版社,2012.
3. 江志荣.作业场所职业安全与健康促进知识读本.北京:中国环境科学出版社,2009.